魏晋南北朝故事

一口气读懂中国史

将进酒·黄 著

人民东方出版传媒
東方出版社

魏晋南北朝大事记

公元 263 年　曹魏灭孙吴

公元 265 年　司马炎建晋，史称西晋

公元 304 年　成汉帝国建立

公元 317 年　晋元帝称帝，东晋开始

公元 319 年　后赵帝国建立

公元 351 年　前秦帝国建立

公元 420 年　刘裕建南朝宋，东晋灭亡

公元 439 年　北魏统一北方

公元 479 年　萧道成称帝，建南齐

公元 502 年　萧衍称帝，建立梁朝，史称南朝梁

公元 534 年　北魏分裂为西魏和东魏

公元 550 年　高洋建北齐，东魏灭亡

公元 557 年　陈霸先建陈，史称南朝陈；宇文觉建北周

公元 577 年　北周灭北齐

公元 581 年　杨坚建隋

公元 589 年　隋灭陈，统一全国

目录

第一章　短暂统一

第二章　南渡，南渡

第三章　南北大冲撞

第四章　分久必合

引 子

靠篡位上台的曹魏在好不容易灭掉蜀汉后，却被权臣司马炎于公元 265 年篡夺，建立西晋。公元 280 年，西晋灭东吴，完成了暂时的统一。司马炎没有想到，自己刚闭眼，兄弟子孙们就杀成一片，而外来少数民族集团对暂住证待遇积怨已久，竟然借机造起反来。

西晋在这场史无前例的闹剧中苟延残喘到公元 316 年，撒手西去。司马氏家族成员被迫南渡长江建立新政权，史称东晋。而北中国舞台再也未能出现晋王朝的影子，在这里和南中国同时上演的是乱糟糟的“五胡十六国”。

公元 420 年，刘裕灭东晋，建立宋朝，是为南朝之始；公元 439 年，北魏统一北方，是为北朝之始。南朝主要包含宋、齐、梁、陈四朝；北朝则包含北魏，北魏分裂出的东魏、西魏，东魏灭亡后的北齐和西魏灭亡后的北周。南北朝初期，彼此都雄心万丈，南朝北伐，北朝就南征；北朝南下，南朝就北上。双方势均力敌，谁都没有实力灭掉谁。

大冲撞之后，就是双方各自的大变革，尤以北朝的魏孝文帝改革最为耀眼。各自大变革之后，就是双方同时发生的自相残杀：南朝的侯景之乱，北朝的北魏裂变、灭亡。最后一幕则是北朝北周的权臣杨坚于公元 581 年统一北方，建立隋朝。公元 589 年，杨坚灭掉南朝陈，南北朝就此结束。

第一章 短暂统一

公元220年，曹操的继承人曹丕逼迫东汉最后一位皇帝禅位，建立了曹魏帝国。第二年，刘备建立蜀汉政权。公元229年，孙权在建业称帝。公元263年，魏灭蜀汉。但仅仅两年后，权臣司马炎代魏，西晋开始。公元280年，西晋灭掉三国中的最后一国东吴，这是西晋的全盛时代，也是它站在悬崖边之时。

公元291年，“八王之乱”的号令枪打响。在长达十六年的时间里，西晋的各位王爷们在战场上自相残杀，放干了西晋王朝的血。这种自我毁灭的冲动得到的报酬就是：天下英雄豪杰和少数民族精英们纷纷进入称王称霸的跑道，冲向已经鲜血淋漓的西晋王朝。

曹丕灭汉

曹丕即位魏王不久，天下就传出各种奇闻怪事。据说有人在石邑县看见凤凰飞舞，有人在临淄城见到麒麟，还有人在郫郡遇到黄龙显圣。于是曹丕的策划团队就发表联合声明：当今魏王继承王位之后，出现如此祥瑞之兆，这是魏将要代替汉的"天启"啊！汉献帝（刘协）要是明智的话，赶紧禅位让贤吧，别等着敬酒不吃吃罚酒了。于是就写了一道折子给刘协送去了。

刘协已经当了三十年的傀儡皇帝，虽然说忍辱吧，却谈不上负重，那军国要务也轮不到他操心。这种有名无分的日子他倒过得挺习惯，现在听说连傀儡也做不成了，皇帝很生气，当场就跟这伙人理论起来："俺的老祖宗辛辛苦苦才打下这份家业，凭啥让我玩裸捐？再说了，什么凤凰、麒麟还有黄龙，那都是骗人的。这点儿猫腻只能蒙骗不明真相的群众，怎能骗得了我呢？我决不当这个冤大头！"说完号啕大哭着躲到后宫了，大臣们都笑掉了大牙。

庙堂真相

山阳公悬壶济世

刘协当皇帝说不上称职不称职，但做山阳公却做得有声有色，和皇后曹氏过着悬壶济世的生活。他自己挖的中草药从不收费，扎针、艾灸、拔罐、刮痧也不要钱，只对购来的药物才收点成本费。百姓感恩戴德，称他为"大人"，称曹氏为"美人"，尊他俩为父母，简称为"大""美"。这两个称呼到现在还是焦作农村的俗语。

第二天一大早，这些大臣就催促太监去请刘协上朝，刘协心里没底，在后宫转来转去不敢出门。刘协的皇后是曹操的女儿，俗话说“嫁鸡随鸡，嫁狗随狗”，当她听说哥哥要霸占刘家的祖业，心里万分气愤。不一会儿，老曹家的曹洪和曹休就带头闯进后宫，威逼刘协上殿。曹皇后指着鼻子骂他们：“我老爸一生劳苦功高，都没动过这个念头，我哥哥刚爬上来没几天，就如此乱来，真是大逆不道！”骂归骂，不解决任何问题，刘协到底被请出去了。

领头的华歆看刘协来了，赶紧说：“昨天的提议，您就尽早应了吧，没听说过顺天者昌，逆天者亡吗？”

刘协一把鼻涕一把泪：“你们都拿着大汉的薪水，我老刘家哪一点对不起你们，怎么就忍心干这种不地道的事呢？”

华歆阴阳怪气地说：“哎哟，瞧您说的，这可是天下人的意愿，众怒不可犯呐。否则的话……如果有什么祸事，可别怪没人救你！”刘协还不死心：“谁敢弑君犯上吗？”华歆一听乐了，这位姓刘的是很傻很天真呐，便道：“你无才无德，不能安抚天下，要不是我们老大拦着，不知有多少人要收拾你！难道非要别人把你揪下来吗？”

野史秘闻

禅让礼仪

篡位为了像样，有一套复杂的礼仪。如先要封篡位的人为王，赐给九锡和车马伞盖等用物，授权其组建一套自己的行政系统，相当于影子内阁。还允许带剑上殿，见了皇帝不跪拜等。接着制造一些意味着新王朝诞生的祥瑞，然后是三推三让的客套。最后，登坛完成政权交割仪式：一方交出玉玺，一方接纳，大封群臣。

这回刘协不敢再言语了，站起身就想跑，华歆一个箭步上去，扯住他的龙袍说："别跟我玩躲猫猫，行还是不行，给个痛快话！"刘协吓得浑身发抖，上牙碰下牙，一个字也说不出来。

曹洪跟曹休两个更是把剑拔了出来，厉声问道："哪个掌管玉玺？"管玉玺的祖弼一拍胸脯说："我就是！玉玺是天子宝物，不容你们这些乱臣贼子窥伺！"听这口气就是准备当烈士的，曹洪当即成全了他。

眼见着一个忠心耿耿的手下为他牺牲了，刘协只好面对现实，愿意禅位，但求不死。旁边又来个趁热打铁的："既然领导想通了，那就快点儿宣布吧，您也好早点儿过上清静日子。"

曹丕正在家盼着好消息，不一会儿，华歆率领各级干部前来报喜了。有人拿出早就帮刘协写好了诏书念道：当今皇帝已看清天下大势，非常仰慕曹氏父子的功德，因此打算效法尧舜，主动禅位给魏王，希望魏王不要推辞。曹丕一听，恨不得一把接过诏书，立刻坐上龙椅。有人捅了捅他的腰眼："虽说刘协同意了，您也得谦虚谦虚呀，以免被天下人说三道四。"曹丕一听有理，就假装推辞了。

社会风情

面若敷粉

三国时的何晏长得挺帅挺白，魏文帝曹丕以为何晏的白是擦了粉的效果，想了个法子搞他，让他在大热天里吃刚出锅的面条，等吃完面条，何晏满头满脸都是汗，等何晏用衣袖擦完脸上的汗后，曹丕发现这小子还是那么白，心里嘀咕："是个正宗的小白脸。"

这下刘协又拎不清了，不明白曹丕到底什么意思。华歆这个气啊，真想给他兜头来一盆凉水，就明告诉他：“人家这是客气，你不能当真，这叫‘礼仪’懂不懂？他推你就再让啊！”刘协只好再派人去通知曹丕，曹丕可是明白套路了，他问左右，怎样才能让天下人都知道自己不是山寨的呢？马上就有人出主意，让刘协建造一座“受禅坛”，选个黄道吉日举行公开禅让仪式，别人就说不出什么了。

这真是欺负到家啦，倒霉的刘协只能完全照办，事已至此，与人方便就是与己方便。这年十月的庚午日，曹丕终于在一套冠冕堂皇的仪式中接过传国玉玺，并迁都到洛阳。刘协被降格为山阳公，大汉朝至此划上句号。

向历史借智慧

宝座不是赖住的

在某些重要的岗位上，如果没有实际的能力，不管是富二代，还是皇几代，早晚都要被人赶下去，有自知之明的，趁早给能人腾地方，还能落个皆大欢喜。要是死活赖着不走，恐怕后果不堪设想。

死诸葛吓走活司马

自从诸葛亮遇到刘备的那天起，就注定要为“兴复汉室”这一不可能完成的任务而操劳一生。公元234年，为了对得起刘备的三顾茅庐，诸葛亮发动了对魏国的第五次北伐。

司马懿吃了几次败仗，有一次险些丢掉老命，他决定改变战术充当钉子户，深挖沟，筑高墙，你想强拆可没那么容易，就这么耗着。嘿！看谁能耗过谁。

司马懿不接招，可急坏了诸葛亮，一下急火攻心就病倒了。但是诸葛亮不抛弃，不放弃，亲自带上一支人马，来到离魏军营寨不远的五丈原驻扎下来。军队里能喊能骂的都被挑出来，每天坐在司马懿大营门外，什么乌龟王八蛋，爹妈老祖宗全给骂个遍。但司马懿把耳朵一塞，假装没听见。

诸葛亮看司马懿装聋作哑，就派人带上一套女人的衣服和头巾给他送去。司马懿听说诸葛亮给他送礼，不知道搞什么鬼，抖落开一瞧，血压当时就上来了！好你个诸葛亮，也欺人太甚啦，

野史秘闻

六出祁山

诸葛亮七次出兵北伐曹魏，出祁山（今甘肃礼县东）的只有两次。而这七次中，第四次是防守，蜀魏并未交战，第五次只出偏师，诸葛亮没有亲临前线。因此后人称诸葛亮是五次北伐。“六出祁山”的说法出现于小说《三国演义》，由于《演义》在民间的影响力较大，因此“六出祁山”也渐渐成为诸葛亮北伐的代名词。

竟然骂我不是男人！但他咬了咬后槽牙，哼哼了好几声，强把这火压了下去，又装作不在乎的样子，好酒好菜地招待使者。使者也不客气，甩开腮帮子就吃上了。

司马懿在旁边陪着，拐弯抹角地打听，诸葛丞相最近身体不错吧，说实在的，咱还挺惦记他呢。这种问题算不上军事秘密，使者也没在乎，就实话实说："俺们丞相为了大汉，那是鞠躬尽瘁肝脑涂地！但凡大事小情，都亲自过问，每天累得呀，饭都不想吃，做梦都想着报效国家！"司马懿听了暗暗高兴：吃不好又睡不好，还要每天操劳，恐怕活不了多久啊。司马懿心里有了底，抱定一个信念，任凭如何羞辱就是不出战。

诸葛亮的病越来越重了，时不时地吐血晕倒。他知道自己活不了多久了，就开始安排后事，保障他死后大军能够安全撤回汉中。八月二十三这天，诸葛亮带着一肚子遗憾离开了人世。

司马懿估摸着诸葛亮也快不行了。这一天他又观察到一颗大流星坠地，认为是诸葛亮的凶兆，就打算立即突袭蜀军大营。但是转念一想，诸葛亮诡计多端，这天上的星星也不一定可靠，还是派人打探一下再说。结果发现五丈原营地空无一人。司马懿听

庙堂真相

刘备之德

都说刘备的江山是哭来的，但除了哭，刘备对自己人还是很宽厚的。猇亭大败后，部将黄权投降了曹魏，当时大臣们都劝刘备将黄权全家满门抄斩。刘备却说，黄权投降曹魏是不得已的举动，还说："黄权并没有辜负我，是我辜负了黄权！"

报非常高兴，看来诸葛亮真的死了！

司马懿抑制不住兴奋，心想咱叫你欺负了这么久，大伙都说咱害怕你，成天笑话咱，咱还不是为大局着想？这回要让你们知道，咱可是纯爷们！司马懿让两个儿子去调集大队人马，自己先领着近卫部队迫不及待地追击去了。远远地，司马懿望见蜀军绕过一座山脚，他挥起马鞭给马屁股抽了几下，这马一激动也狂奔开了。

不料刚转过山脚，轰隆一声炮响，逃跑的蜀军突然调头向司马懿冲过来，军中一杆大旗上写着几个大字：汉丞相诸葛亮！几十员大将簇拥着一辆四轮车，那车上羽扇纶巾的，不正是诸葛亮吗？司马懿大叫一声："不好，老夫又中计了！"赶紧调转马头往回逃。

司马懿只听身后有人大喊："老贼别走！你中了我家丞相之计，快拿命来！"吓得他险些掉下马来。魏军将士一看老大如此狼狈，不知有多少蜀军埋伏，也丢盔弃甲连滚带爬地逃命。军士们互相践踏，不知踩死了多少人。司马懿一直逃了五十多里，两个手下才追上他，拽住他的马缰绳，大声叫喊："都督不要怕！"司马懿摸着自己的脑袋问："我的头还在吗？"大家赶紧告诉他，

野史秘闻

"功盖三分国，名成八阵图"

这是唐朝杜甫咏诸葛亮的诗句。八阵图传说是由诸葛亮创设的一种阵法，可挡十万精兵，罗贯中把它写进了《三国演义》，说它阻挡了陆逊的追击。八阵图以乱石堆成，按遁甲分成生、伤、休、杜、景、死、惊、开八门，"大阵包小阵，大营包小营"，内圆外方，变化万端，是《周易》之理在布阵中的具体应用。

蜀军已经走远啦。

司马懿惊魂未定，看看身边的确都是自己人，这才喘了几口气，扯扯衣服定了定神，嘱咐大家注意放哨，回到自己的营寨去了。

又过了两天，魏军听老百姓说，蜀军撤退到上方谷时，哭声震天，遍打白旗，诸葛亮是真死了。大部队在前面撤走，只有一千人断后，而那辆四轮车上坐着的只是一尊木头雕像！司马懿这个后悔呀！想想自己被一个木头人吓成那样，实在是太没面子啦。

向历史借智慧

诸葛一生太操心

毛泽东老人家有言，“诸葛一生唯谨慎”，谨小慎微得过了头，必然就是太操心，事无巨细都亲力亲为，最后死在这上面了。万事太操心，自己辛苦，别人也得不到锻炼。这就像有些父母，总把孩子带在身边，抱在怀里，这样的孩子永远也长不大。父母去世后，这样的孩子又如何生存呢？相信自己，相信孩子，给别人一片天地，也就给了自己一片天地。双方各司其职，各自干好各自的事，岂不比一个人什么事都干来得强？

司马懿装病

公元239年，魏国的最高统帅曹睿病死，他那个抱养的儿子——八岁的曹芳——继承了帝位。曹睿在临终前把他的同族兄弟曹爽和老干部司马懿都叫到床前，嘱咐他们要同心同德，辅佐年幼的新君。

起初曹爽还打算跟司马懿和睦相处，但俗话说“不怕没好事，就怕没好人”，他那些狐朋狗友都想跟他多沾点光，就鼓动他说，凭咱大哥这皇亲国戚的身份，还要跟个外姓人分庭抗礼，真是太委屈了，不如让司马懿滚蛋算了。曹爽就跟小皇帝说，司马懿年岁大了，应该让他回家养老。小屁孩啥也不懂，就由着曹爽安排了。

曹爽抢到了兵权，从此高居万人之上，每天尽顾着吃喝玩乐，不是进山打猎，就是大兴土木，把自己的王府装修得像皇宫一样。他的弟弟常常劝导他，哥哥你位高权重，是恐怖分子袭击的重点目标，应该注意自己的安全，没事最好少到外面打猎，省得后院起火。曹爽不屑一顾地说：“我有兵权在手，哪个敢在太岁头上

野史秘闻

曹操治司马懿

早年司马懿也曾装病。曹操征召司马懿做自己的手下，但司马懿不肯去，宣称自己得了风痹病，连吃饭喝水都不能自理。曹操不相信，派人去刺探情况，只见司马懿一动不动地躺在床上装病。但这仍然瞒不过精明的曹操，曹操派人告诉司马懿：“如果再推三阻四，就抓起来扔到监狱去！”司马懿只好乖乖出山。

动土！”

曹爽逍遥地过了十年风光日子，突然有一天想起了司马懿，很久没见，不知那老家伙在干些什么。就派一个叫李胜的到司马懿家里打探消息。

司马懿多么狡猾，一听说李胜来访，就知道黄鼠狼给鸡拜年没安好心，他马上把自己弄得蓬头乱发，上床抱着棉被，还让两个丫环在旁边侍候着，弄出一副久病不愈的样子，才把李胜请进来。

李胜一看司马懿抱着被子在床上，赶紧鞠了一躬说：“很久不见大人，怎么病成这样啦？皇上派我到荆州任职，特意向大人辞行来了。”

司马懿说：“并州靠近北方，那里寒冷，要注意身体。”

李胜见司马懿听错了，就纠正说：“我是去荆州，不是并州。”

司马懿笑了：“你从并州来的？”

李胜再次强调是荆州，司马懿仍然装糊涂说：

“啊，原来是从并州来的。”

李胜问旁边的人，他怎么这么糊涂啊？旁人告诉他老头耳朵有点聋，李胜要来纸笔，写在上面给司马懿看，司马懿看了装作

社会风情

“弟弟比你强”

尚书崔琰与司马懿的哥哥司马朗是好朋友，一次崔琰对司马朗说：“您的弟弟司马懿聪亮明允，英俊果敢，说句您不爱听的话，您不如您的弟弟！”

恍然大悟地说：“啊，我的耳朵坏掉啦，你此去多保重啊。”说完就指着自己的嘴表现出很难受的样子，两个丫环也积极扮演配角，赶紧把茶水送到老头的嘴边，结果呛了气管，水洒了一身。司马懿顺势倒在床上，费尽力气地说：“我已经老朽病衰，活不了几天啦。几个儿子也不成器，还请你多多关照啊。”接着就声嘶力竭地喘上了。

司马懿这段煽情的表演可把李胜唬住了，回去向曹爽一报告，曹爽马上幸灾乐祸起来：这老东西快死了，我还有什么可担心的！

过了一段时间，曹爽请皇帝到郊外去祭拜先祖，他带着几个弟弟还有满朝文武一起出城。有人劝谏曹爽说，不要把兄弟们都带出去，总得留个看家的，万一发生什么变故谁来坐镇啊？曹爽对这种让他扫兴的人一向十分反感，声称谁再敢胡说八道就要他的脑袋。

得到这个重要情报，老狐狸司马懿的病奇迹般地好了，耳朵不聋了，嘴巴也不干了，立马带上他的嫡系部队撒脚如飞奔向皇宫。司马懿先是找到与曹爽不和的郭太后，告了曹爽祸国殃民的状，请求废掉曹爽的一切职权，太后向来知道司马懿不是一般人，

社会风情

月旦评

许劭，字子将，是东汉末年著名的人物评论家。据说他每月初一都要对当时人物进行一次品评，人称“月旦评”。当时有一个风气，一个人要获得好名声，出人头地，就必须由著名的人物给他写一个鉴定，这样才能得到社会的承认。许邵就是最有权威的鉴定家。他曾经评价曹操为“君清平之奸贼，乱世之英雄”。

哪敢对他说个不字。搞定了太后，司马懿马上派人把他写好的举报信给皇帝送去，自己带兵奔向曹爽的家。

等曹爽得到消息，全家都被司马懿端了。司马懿怕曹爽溜走，还特意派人来对曹爽说：司马懿指着洛河发誓，他只是要夺取兵权，绝不伤害你的性命。曹爽的死党认为司马懿的话不可信，建议他挟持皇帝逃往许都，在那里照样称王称霸。曹爽拿不定主意，他怕自己逃走后家人会被处死。

曹爽思前想后辗转了一夜，最后还是决定不逃，死党来催促他，他却如释重负地说："我决定退出政坛，做一个土财主不也是衣食无忧吗？司马懿是我的旧交，他的话不管你们信不信，反正我信了。"死党气得一面哭嚎，一面骂他是只蠢猪，就四散逃走了。

曹爽相信了司马懿的山盟海誓，就进城去自投罗网，结果司马懿杀了他的全家，还诛灭三族。从此魏国大权就落入司马氏家族的手中。

向历史借智慧

真相往往藏在表面之下

司马懿装病以混淆视听这招，其实在历史上已经屡见不鲜了。比如孙膑就曾装疯，以逃过庞涓的加害。不过很显然，只要知己知彼，演技到位，这招任何时候用起来都很顺手。我们总想查明很多事情的真相，但又往往被表面的假象所欺骗。这种时候，不如静下心来，细细推敲一下。要知道，真理是经得起千锤百炼的，而谎言，总是会不攻自破。

人不可貌相，海水不可斗量。

曹髦“造反”

公元254年，司马懿的儿子司马师废掉魏帝曹芳，改立曹芳的堂兄弟曹髦为帝。

曹髦刚刚十四岁，司马师认为他应该是个称职的傀儡，但曹髦却正儿八经地干了起来。他派人到各地考查官员的工作，了解民间疾苦，还以身作则提倡节俭，抚恤为国捐躯的将士家属。

眼看着傀儡皇帝的声望与日俱增，司马家族非常担心，他们强迫曹髦授予一些特权，比如见到皇帝不用行礼，还可以带剑上殿，想用这些行为艺术来抬高自己的身价。司马师死后，他弟弟司马昭更加嚣张，从来不给曹髦一个好脸色，平时在家还穿着龙袍，开始提前体验皇帝生活。

被司马家欺压了六年，曹髦心里十分郁闷。有一天几个近臣想要哄他开心，就报告说宁陵井中出现了黄龙，是大祥大瑞的好兆头。但曹髦听了并不高兴，反而叹惜着作了一首诗，大意是：伤感真龙受困，不能腾跃深渊。盘踞在井底下，还要看着泥鳅、

野史秘闻

“晋祚不得长远”

晋明帝司马绍的时候，一次问王导司马家的祖先是怎么得到天下的。王导就说了司马懿到司马昭的事。说到司马昭杀曹髦，司马绍转过脸去，对王导说道：“真像你说的，祖先靠阴谋杀伐得到了权力、天下，那么晋朝的天下是不会长久的。”（若如公言，晋祚复安得长远！）

黄鳝手舞足蹈。有多嘴多舌的家伙就把这几句诗向司马昭汇报了，司马昭非常愤怒，张口骂道："黄毛小子自比真龙，这也太不懂事了吧？"他的死党贾充自告奋勇地说："不如我替大哥做了他！"

没多久，那些讨好司马昭的大臣纷纷要求皇帝加封他为相国和"晋公"，赐予最尊贵的"九锡"（九种礼器）。这就意味着，皇帝是万岁，司马昭也到九千九百岁了，一伸手就能把皇帝拉下马。曹髦不敢拒绝，全部批准。司马昭还按着宝剑质问曹髦，我司马家为曹魏立下大功，你为什么把我们比喻成泥鳅和鳝鱼？这是对我们名誉权的严重侵犯！曹髦看着他恶狠狠的面孔，一句话也不敢说。司马昭冷笑着扬长而去。曹髦回宫后越想越憋屈：好歹咱也是一代枭雄曹操的后人，仪表堂堂德才兼备，难道就这样窝窝囊囊地活一辈子？他找来平时对他不错的三个大臣——王经、王沈和王业，对他们说："司马昭之心，路人皆知！我不能坐等着被他侮辱废黜，你们帮助我讨伐他吧！"

王经一听这孩子大白天说起梦话，赶紧劝他说："从前有个鲁昭公讨伐他的权臣季氏，结果丢掉自己的国家流亡在外。司马家掌权已经不是一年两年的事，陛下仅凭身边几个侍卫是打不过

庙堂真相

乐不思蜀

刘禅作为蜀汉后主，只知道吃喝玩乐，毫无作为。不过他为中国文化倒是作出了一点儿贡献——奉献上成语"乐不思蜀"。一次，司马昭宴请刘禅，让歌女表演蜀地歌舞助兴。蜀汉旧臣们听了都流泪，刘禅却乐得直笑。司马昭看见了，问刘禅："你思念蜀吗？"刘禅答道："此间乐，不思蜀。"

司马昭的，冲动是魔鬼，该忍的时候就得忍，您可不要太调皮啊！”

曹髦已经下了决心，他想：如果这样都能忍下去，以后要忍的岂不更多？与其苟且偷生，不如轰轰烈烈地搏一场，就算死了也认了。他把写好的表决书摔到地上，自己奔后宫准备去了。王沈和王业一看这孩子没救了，非要拿一鸡蛋去碰石头，心想不能拿全家九族跟去陪葬，于是脚底抹油就去给司马昭送信了。

曹髦到后宫发表了一番慷慨激昂的演讲：大魏皇帝要拨乱反正啦！司马家都是些纸老虎，我们今儿就要给他们点儿颜色瞧瞧！一些忠于他的侍卫还有不谙世事的仆人深受感染，加入了这场惊天动地的暴动。不一会儿，只见曹髦手持宝剑站在辇车上，率领着这支三百多人的敢死队高喊革命口号就冲了出去！

王经跪在地上苦苦相劝：“陛下此去如同羊入虎口，不是老头我怕死，实在是明知不可为呀！”曹髦也不理他，　路呐喊着奔向宫门，迎面撞见司马昭的异母弟弟司马伷，曹髦大喊一声：“我是皇帝，你想弑君犯上吗！”司马伷自幼饱读诗书，对君臣之礼还是很在意的，于是乖乖地让开了。

曹髦一看“皇帝”这个职称还真管用，一下增强了信心，继续

名臣风骨

奇才钟会

钟会是东汉书法家钟繇的儿子，很有奇才。一次，钟繇带着儿子钟毓和钟会去见曹丕。钟毓一见皇帝，吓得浑身冒汗。曹丕很奇怪，问他怎么回事。钟毓答道：“战战惶惶，汗出如浆。”钟会就很镇定。曹丕又问钟会为什么不出汗。钟会答道：“战战栗栗，汗不敢出。”意思是我也很害怕，连着汗也害怕得不敢冒出来了。

往前冲，但随后他就遇到那个一直想为司马家立功的贾充。贾充可不管什么君臣之礼、父子纲常，他看到手下的士兵不敢跟皇帝动手，就指着大将成济说："为大哥效忠的时候到了，你还等什么呢？"成济整个一缺心眼儿，拿着一杆标枪就跳出来，还回头问贾充："是杀还是绑啊？"贾充就说："老大已经说了，活的不要！"

曹髦还想拿皇帝职称吓唬成济，但成济不由分说，咔咔两枪就把曹髦刺透。曹髦的暴动就这样失败了，他也咽了气。司马昭匆匆忙忙地跑来，一见曹髦躺在血泊之中，立即发挥老爹遗传的表演天赋，一面拿脑袋撞车辇，一面嚎开了："我的天王老爷小祖宗，你怎么就这么走了啊？"——显然这事跟他没关系。

既然司马昭不想承担弑君的罪名，总得找个替罪羊吧。有人说只有杀了贾充才能平息此事，司马昭舍不得这个大功臣，于是眼珠子一转，还是杀成济吧，他可是在大庭广众之下刺死皇帝的人，做替罪羊最好不过。成济这个恨哪，尽管他大声喊冤不止，还是被砍了脑袋外加诛灭三族。老臣王经的全家老小也英勇就义了。

司马昭觉得马上篡位不合时宜，又找了曹操的一个孙子曹奂，把他当作过渡期的傀儡。

向历史借智慧

隐而不发

历史上的傀儡皇帝不少，但能成功夺回权力的，却是少之又少。很多时候，我们在做事时，之所以没有成功，不是缺少信心，而是少了一份等待时机的成熟耐心。越到要成功的紧要关头，我们越应该沉着冷静。隐藏锋芒，有时也能为成功增加一分胜算。

司马炎建晋

魏国吞掉了蜀国，功劳都要归于司马昭——命令是人家下的。大臣们为了讨好这位首长，纷纷向傀儡皇帝曹奂提出，应该把司马昭由晋公升为晋王。曹奂没有摇头的胆，只有点头的份。

跟狼走吃肉，跟羊走吃草，做手下的，要想在金字塔上更进一层，就得把老大扶上正位。每当改朝换代之前，天底下都会发生点儿奇迹，这是古人一贯的炒作手法。

司马昭的策划团队更是不落俗套，人家不搞什么黄龙显圣、石头刻字的小把戏，运作了没多久，一个“巨人降世”的广告就火热出炉了。

据说在襄武县，有一个巨人从天而降，巨人有多巨呢，传说有两丈多高，光脚丫子就三尺多长，那肯定比姚明高多啦。这位大侠白发苍苍，头戴黄巾，身穿黄袍，自称“民王”。他此行的目的就是要告诉大家，天下换个主人，从此就太平无事了。据说这位大侠在大街上招摇过市逛了三天，又神秘失踪了——其实谁

庙堂真相

司马家的忠臣

司马家出权臣，但也有忠于曹魏的忠臣，他就是司马懿的弟弟、司马炎的叔公司马孚。司马孚至死称“身为魏臣，终不背魏”，要求死后穿着曹魏的官服下葬。曹奂被赶下台时，司马孚拉着他痛哭。当然，也有人笑话他，说曹丕篡汉时，你不是汉臣吗？

也没看见，却说得跟真事儿似的。

根据这一奇迹，大臣们又提出新的主张，既然上天给了明示，晋王现在就该享受与天子同样的待遇，天子要坐“宝马”，晋王也不能坐“奥迪”，什么金鞍玉辔的都该跟天子一样，世子也要晋升为太子。曹奂非常配合，要啥给啥，一概批准。

篡位的前奏就要吹响了，司马昭忽忽悠悠地回到家，美得找不着北，乐得闭不上嘴。可别说，不光是闭不上，咋还有点歪呢？老大中风啦！第二天，大臣们都跑来探望，司马昭说不出话，用手指着太子司马炎，两腿一蹬就断了气。

司马炎觉得老爸动作太慢：你要是一步登天做了皇帝，咱不就直接继了皇帝位？他找来老爹的一群死党，问他们说：“曹操好像说过，如果老天眷顾他，他也只做‘周文王’，真有这事吗？”

贾充抢着说：“老曹家世代都给刘汉打工，不敢承担篡逆的名声，所以曹操自己不称帝，让他儿子称帝，就像周文王自己并没有称王，他儿子自立为武王之后，给老爹追封为文王。”

司马炎又问：“那我的老爸跟曹操比怎么样呢？”

贾充不放过这个拍马屁的机会：“曹操虽然功高盖世，但是

社会风情

韩寿偷香

晋初权臣贾充的小女儿贾午，爱上了父亲的手下帅哥韩寿，俩人偷偷来往了很久。皇帝赏给老爹西域奇香，这可是限量版的，贾午偷了来送给韩寿，当作定情信物。不料韩寿身上撒了点香去上班，一下子就被发现了，贾充没办法，只得把女儿嫁给了韩寿。这就是“韩寿偷香”的典故。“偷香”，从此就用来指男女暗通私情。

人们只是惧怕他，并不尊重他，他儿子曹丕也是劳民伤财，没留下什么好名声。咱们司马家的几位前辈，那可是德高望重，万民景仰。再说，您老爸吞并了蜀国，曹操那点造化可差得远着呢！”

司马炎最爱听的就是这话，他说：“既然我们家比曹家强百倍，曹丕都能废汉，我就不能废魏吗？”话说到这份上，贾充赶紧带头跪在地上，强烈要求司马炎把曹奂那小子淘汰下去。第二天，司马炎带着这群死党进宫，去质问曹奂。曹奂这几天眼皮子跳得厉害，心神不安的，好几天都没上朝了，一见司马炎来，更觉得后脑勺发凉。司马炎大摇大摆地坐下，用那种居高临下的口气问曹奂：“魏国能拥有天下，是谁的功劳啊？”

曹奂谦卑地说：“全拜晋王一家所赐。”

司马炎一看他还挺识相，就不依不饶地问：“我看陛下既没有文才，又没有武略，为何不趁早让位给有能力的人呢？”

曹奂虽然预感到早晚有这么一天，但还是有些不知所措，倒是一个侍臣路见不平一声吼：“晋王怎么能这样说呢？想当年太祖皇帝南征北战打下这座江山，那也不是大风刮来的，我们小主子什么罪过也没有，凭什么让位呀？”

社会风情

以茶代酒

东吴国君孙皓虽然残暴，对大臣韦曜却例外。孙皓请群臣喝酒，经常偷偷用茶换下韦曜的酒，使他得过“酒关”。但韦曜为人耿直磊落，在酒宴上玩“偷梁换柱”“暗渡陈仓”，对政事却一是一，二是二，搞得孙皓再也无法容忍，砍了他的头。今天，“以茶代酒”成了一件大方之举、文雅之事。

这真是皇帝不急太监急，关你什么事呢？司马炎也怒吼起来："曹魏何尝不是篡夺了刘汉政权？要不是我司马家祖孙三代为老曹家服务，魏国能有今天吗？只准你们逼汉献帝让位，不准我司马氏取代曹魏吗？"

侍臣一口咬定司马炎企图做篡国贼，司马炎当然不服气，要说贼，咱顶多是黑吃黑替老刘家报个仇而已，你曹魏政权也不是开天辟地就有的！司马炎转念一想，我跟他废什么话呢，冲身边的打手一眨眼：让他把嘴闭上！瞬间那人就被打死在殿下。

唯一的代言人被打死了，曹奂吓得扑通一声跪在地上，司马炎却甩手走了。曹奂这会儿叫天也不应，叫地也不灵，只好向贾充这伙人讨教主意。贾充装作十分同情的样子说："事已至此，您就认命吧。就像当年汉献帝一样，顺天应人也给自己留条退路。这皇位也是块烫手的山芋，该放下时就放下吧。"

曹奂一想也确实是这么回事，想起那位造反的曹髦，还不是死路一条？贾充加班加点修好了受禅坛，曹魏咸熙二年（公元265年）十二月的一天，司马炎与曹奂把当年曹丕废汉的一幕重新上演——晋武帝司马炎上台了！

向历史借智慧

给子孙留权财，不如给子孙留诗书

真是三十年河东、三十年河西，当年曹家人逼着刘家人退位、禅让的戏，如今又重演了，只不过角色换了过来，成了司马家逼着曹家让位。历史真是让人感慨！想想，当初曹丕开创曹氏江山的时候，一定也是想做着"千年老店"的美梦，将曹氏无限公司一传到底，谁料到，才短短四十多年就变了江山。此时的司马炎估计也是怀着把司马公司永久地做下去的梦想吧，但实际上也没能走多远。所以明清时有人说：给儿孙留官位、留财宝，不如多积诗书留给子孙啊。

青盖入洛

公元272年，东吴西陵郡的头头造反投靠晋国，被名将陆抗（陆逊之子）成功平定。暴君孙皓来了兴致，心想，是不是可以乘机一统中原了呢？

这孙皓做事，一向是不问苍生问鬼神，他请来东吴出场费最高的半仙来占卜。半仙忙活了半天，占卜的结果是大吉！指出孙皓将会在庚子年“青盖入洛”。青盖是啥？就是皇帝的车篷子，也就是说孙皓将要入主洛阳，那不就是一统天下了吗？孙皓越想越兴奋，马上就命令军队准备出征。人家诸葛亮六出祁山，前后用了七年时间，孙皓来了个大提速，一年之内就发动好几次北伐，当然全是失败的。

临湖与长江之间，有一处长年堵塞的水段，在公元274年时突然自己畅通了，有人就编了一首歌谣唱道：“临湖塞，天下乱；临湖开，天下平”。这首非主流歌谣很快又传到了孙老大的耳朵里。他手下有个官员会解梦，孙皓就把这人找来，让他把“临湖开”

庙堂真相

势如破竹

晋军分兵六路进攻东吴，王濬水军与由陆路进攻的杜预大军会师江陵后，有人主张暂时休整一下再打。杜预说：“现在我军军威大振，正像劈竹子一样，劈开了几节以后，下面的竹子就可以迎刃而解，一劈到底了。”于是，王濬又率领水军直扑建业。就这样，前后仅用四个多月，晋军就灭亡了东吴。

与“青盖入洛”联系起来分析一下。这人不敢得罪孙皓，但也不想胡说八道，就推脱说，俺只会解梦，对这个湖开湖塞的没有研究过，实在是想不明白。

孙老大很扫兴，直说跟这种笨蛋没法儿交流，哪凉快哪待着去吧。那人回家后对身边的人说：“青盖入洛，一种是灭掉晋国，入主洛阳；另一种，就是打着投降的白旗被押进洛阳。”显然，第一种情况可能性不大。

孙皓被临湖的事鼓舞了起来，就命令陆抗去攻打襄阳。打襄阳倒没费什么事，但如果真的激怒了晋国，恐怕就是吃了一个小枣，最后挨一个大巴掌。晋国派来的将军羊祜比较理智，他曾经是陆抗的手下败将，深知陆抗的厉害，他决定等待时机，以最小的代价灭掉东吴。

羊祜和陆抗各自没事就在边境打猎，但他们从不越境。如果陆抗射中的野兽跑到晋国这边，羊祜就派人给送过去。陆抗一想，和谐社会来之不易，维稳工作不能停，就派人给羊祜送了一坛陈年老酒。羊祜的手下说，这酒可不能喝，万一下了毒怎么办？羊祜满不在乎地说，陆抗不会干这种事的，捧起坛子一饮而尽。有

野史秘闻

六朝古都南京

南京是中国四大古都（长安、洛阳、金陵、燕京）之一，是东吴、东晋、宋、齐、梁、陈六朝的都城（东吴时叫建业，后五朝叫建康）。南京虎踞龙蟠，是四都中文学最昌盛，人物最俊彦，山川最灵秀，气象最宏伟的城市。

一次，羊祜听说陆抗生了病，就拿出一味祖传秘方，叫人给陆抗送去。陆抗的手下也怕是毒药，都拦着不让吃。陆抗说，羊祜不是那样的人，一张嘴就吞到肚子里。

这些事传到孙皓那里，就变成了跟敌人私通。孙老大一琢磨，咱叫你去打仗，可不是叫你跟人家交朋结友，这事要是别人，砍十回都不够。好在孙皓的脑子还没有疯掉，他平时杀的，都是没什么势力的人，像陆抗这样的重量级选手，名门世家，军权在握，他还不敢随便砍，就把陆抗贬官降职。没过几年陆抗就去世了。

羊祜这手软刀子杀人得逞了，陆抗一死，羊祜马上给晋国领导司马炎打报告，说现在是吞并东吴的好机会。但是很多人妒忌羊祜的才能，拼命阻挠，孙皓又多过了几天好日子。

公元278年，五十七岁的羊祜得了重病，他千里迢迢跑回洛阳去见司马炎，强调尽快伐吴的重要性，还没等领导表态，羊祜就一病不起。他临终前让人给司马炎捎话："孙皓为自己挖的坟墓已经够深了，趁着那个混蛋还活着，伐吴必定成功，万一孙皓死了，换上一个正常的领导，再想伐吴就很难了。"

公元280年，也就是半仙所说的庚子年，晋国上下终于统一

社会风情

江南士族

江南士族主要是顾、陆、朱、张四姓。孙吴诸将大多外来，以私兵跟随孙氏征战，孙吴政权也就常常把国家佃客、土地赐给这些功臣。这样，逐渐形成了吴国武将世袭领兵的制度，也形成了新的低于四家的江南士族。他们各有门风，世居高位，是孙吴政权的主要支柱。

了意见，派出重兵大举伐吴。东吴的官员和百姓被孙皓折磨得死去活来，早就跟皇帝离心离德，只有少数想不开的榆木疙瘩还在为孙吴政权拼命。

仅仅几个月，晋国大军就攻到了孙皓的家门口，孙皓乖乖地做了俘虏。他被押在囚车上，头顶飘着白旗——终于青盖入洛了！

司马炎见到孙皓真是相见恨晚。他在金殿上给孙皓赏赐一个座位，说："咱为你准备这个座位已经很久啦。"

孙皓感慨万千地说："俺在江南也曾为你准备了座位。"

司马炎把孙皓封为归命侯，意思是小样儿，认命吧。三国争霸的时代彻底结束了，从此天下尽归司马氏。

向历史借智慧

鹬蚌相争，渔翁得利

一只蚌在河边晒太阳，一只鹬鸟走过去想吃它，结果嘴却被蚌的壳给夹住了。它俩一个不愿松嘴，一个不愿松开蚌壳，渔夫路过，把它俩一块儿给抓回去了。这就是"鹬蚌相争，渔翁得利"的故事。魏蜀吴斗得你死我活，可是谁都没有想到，最后坐拥天下的不是他们当中的任何一家，却是半路杀出来的司马氏。现实太会捉弄人，与其跟人较一时之长短，不如放开心胸，做更长远的考虑。

风流阴狠贾南风

回顾司马炎的一生，他犯的最大错误，就是对他的大老婆杨艳太顺从了，凡是她主张的事，不管是明智的还是愚蠢的，司马炎都举双手赞成。司马炎有二十多个儿子，皇后杨艳也生了三个，但是偏偏把一个傻儿子司马衷立为太子，那是因为杨艳特别宠爱这个傻儿子，又觉得对他有所愧疚，就想用全天下来补偿他。有句话说母亲的素质决定民族的命运，有了杨艳这个蠢皇后，晋国的天下要想不乱就太难了。

司马衷十二岁的时候，老爹决定给他娶个媳妇，司马炎听说大臣卫瓘的女儿既贤惠又漂亮，就想把卫家的姑娘娶作太子妃。但是贾充的妻子郭槐拿出很多金银财宝贿赂宫里的人，托他们向杨艳说好话，要把她十五岁的女儿贾南风嫁给太子。

郭槐是个十足的悍妇，曾经打死了好几个家里的奶娘，名声顶风都臭了八百里，就冲这妈也知道她的女儿好不到哪去。但是杨艳这个没脑子的女人，被人一忽悠就上了道，在她的极力主张下，

野史秘闻

驾羊车

司马炎统一天下后，后宫美女人数达到了上万人，新的问题出现了：皇帝只有一个，该宠幸谁呢？于是司马炎每晚坐一辆山羊拉的车，羊车停到哪个美女房前，皇帝就在哪里住宿。美女们个个打扮得花枝招展，但是却吸引不了山羊。有聪明的人想出办法，在门前插几根竹叶，竹叶上撒上盐，山羊爱舔盐，于是到这里就停下不走了。公元 290 年，享尽人间艳福的司马炎去世，傻儿子司马衷登基。

贾南风终于被娶进东宫。贾南风长得又黑又丑，个子又矮，眼眉上还有一块疤。不过这对新人，一个蠢，一个丑，倒也是天生的一对。

丑女贾南风找了一个傻丈夫，心里也不是滋味，但她更不能容忍傻丈夫跟别的女人有来往。有一次她听说一个嫔妃大了肚子，就亲自找到那个妃子，一把抓过卫士的长戟划开她的肚皮，使胎儿掉到地上，一片血腥。

司马炎知道后想要废掉贾南风，但是杨皇后和另一个与贾南风臭味相投的妃子赵粲，拼命替她辩护。而贾南风的老爹贾充刚去世不久，有些同流的大臣就拿贾充的功劳说事，提醒司马炎不要忘本。贾南风就这么成了钉子户。

尽管贾南风看得很紧，她自己却一连生了四个女儿，死活生不出儿子来。司马炎为了不让太子断了香火，愣把自己宠幸的谢美女给了儿子，让她教导太子如何传宗接代。谢美女不负众望，没多久就给司马衷生了个儿子。贾南风受到皇后的训斥，自己又生不出来，只好放人家一马。

公元290年司马炎死后，傻子司马衷就成了皇帝，史称晋惠帝。

野史秘闻

痴呆儿司马衷

一次，司马炎为了测验一下司马衷的能力，出了几道问题给他做。司马衷不懂，就请人代做。贾南风看到后，说题答得太好，让人一看就知道是作假，对一半错一半就可以了。这样改过之后，司马炎一看，儿子虽然不聪明，但还不至于傻得应付不了朝政。

有一年天下大旱，很多穷苦的老百姓被饿死，大臣向他汇报之后，司马衷说了一句惊世骇俗的话："没有米饭，他们怎么不吃肉呢？"大臣们瞠目结舌谁也答不上来。还有一次司马衷听见池塘里青蛙在叫，就问身边的大臣："它们叫的是为公呢，还是为私呢？"一个大臣强忍着笑说："在官家叫就是为公，在个人家叫就是为私。"

贾南风当上了皇后，她用借刀杀人的手法，一年多时间就除掉几个政敌独揽大权。这之后洛阳城里发生一些怪事，不断有帅哥俊男被宣告失踪，活不见人死不见尸。

在城南有一名小公务员，这个男生家境一般，但是长得十分帅气，又很会说话，前些日子莫名其妙地失踪了。正当人们议论纷纷的时候，他又突然出现在工作岗位上，而且还穿了一身华贵的名牌，大家猜疑说这小子是不是跑去偷东西了，从没见他穿过这么好的衣服。他的领导也很怀疑，为了不让品行恶劣的人员混在公务员的队伍里，领导要求他解释清楚。

小帅哥不得不讲出自己的一段奇遇：有一天他正在路上走着，忽然一个老太婆拉住他说，自己家里有病人，需要找一个住在城南的少年驱邪避祸，事后必有重赏。他一想当小公务员油水也不

社会风情

奢侈之风

西晋的奢侈之风，司马炎是起了带头作用的。一次，司马炎在女婿王济家吃饭，有一道菜是蒸乳猪，非常好吃，司马炎就问王济是怎么做的。王济偷偷告诉他，乳猪是用人的乳汁喂养大的，做的时候又用人的乳汁烹制，所以很好吃。司马炎听了不高兴，觉得女婿的奢侈水平超过了自己，宴席还没散就借故走了。

多，有机会捞点外快不应该错过，就跟老太婆去了。他被装在一只大木箱里，抬到车上走了有十几里，又过了六七道门，才把他从箱子里放出来。结果出来一看，眼前一片雕栏画栋，琼楼玉宇，简直就如天宫仙境一样。

他问别人这是哪里，人家告诉他是天上。随后他就洗了一个香水澡，那舒服劲真是无与伦比。有人又给他拿来华丽的衣服，摆上一大桌子美食，让他足足地美餐了一顿。酒足饭饱之后，走来一个三十多岁的女人。这个女人又黑又矮，长得非常难看，眼眉上还有一块疤。丑女人留他住了几晚，过了几天神仙般的风流日子，临走时就把那些穿戴都送给他了。

小职员不知道丑女人到底是谁，但是领导们知道，又黑又矮眼眉上有一块疤，那不正是皇后贾南风吗？现在大家才知道那些失踪的帅哥到哪里去了，但别人都是有去无回，只有这个小帅哥天生能说会道，贾南风动了恻隐之心，才没舍得杀他灭口。除了从民间诱拐来的帅哥，贾南风还跟几位大臣有染。尤其是太医程据，利用他的医术帮贾南风下毒害人，别的事也没少做。

向历史借智慧

心灵美很重要

历史上曾有一个丑王后也很出名，她就是钟无艳。战国时候，齐宣王执政，政治黑暗，民间怨声载道。而钟无艳冒死指出宣王的错误，劝谏他行仁政，之后齐国大治。同样是历史上有名的丑女，钟无艳受万人景仰，贾南风被后世唾骂，原因不在于她们丑的程度高低，而在于一个胸怀天下、品德高尚，一个贪图私欲、人品低劣。选择善还是恶，得到他人的尊敬还是鄙夷，全在于自身的抉择。

同室操戈

蠢皇后杨艳担心自己死后傻儿子会被废掉，她留下遗嘱要求老公把她的堂妹杨芷娶为皇后，司马炎言听计从。等司马炎死后，傻小子司马衷顺利地登上皇位，贾南风也就成了皇后，但是朝政大权却掌握在杨芷的父亲杨骏手里。贾南风的老爹已经死了，没什么靠山，她不得不暂时隐忍等待时机。

一个傻皇帝在位，又是外戚当权，难道司马家真的没人了吗？实际上，光是司马炎分封的王爷就有二十七位，侯爵更是多得数不清。其中汝南王司马亮、楚王司马玮、赵王司马伦、齐王司马冏、长沙王司马乂、成都王司马颖、河间王司马颙、东海王司马越，这八个大王都不是省油的灯！

杨骏自从掌了权，就仗着女儿是太后，凡事任人唯亲，不把司马家的人放在眼里。在这种动不动就灭门灭族的年代，一个人惹祸，就要牵连无数人，杨骏的亲朋好友都劝他要跟司马家族搞好关系，人家好歹都是龙种，就算你杨骏是一地头蛇，也架不住

野史秘闻

西晋的分封制度

司马炎鉴于魏室衰微，帝室孤弱，终致灭亡的教训，就反其道而行之，大封皇族为藩王。分王也就罢了，还让各位王爷都督诸州军事，镇守要害之地。于是，手握重兵的野心家王爷纷纷出来窥探中央权力，终于导致了“八王之乱”。

一堆小青龙瞄着你。杨骏被眼前的荣华富贵冲昏了头，根本不理别人的劝告。皇后贾南风却发现了可乘之机。公元291年，三月，她秘密派人去找汝南王司马亮，唆使他发兵讨伐杨骏。司马亮是司马懿的第四子，论辈分是傻皇帝司马衷的四爷爷，人家这样德高望重的身份，怎能听一个女人随便调遣。

贾南风一看调不动司马亮，又找到楚王司马玮。这司马玮是傻皇帝的异母弟弟，是一个有勇无谋的家伙。人家装枪他就放炮，没过多久司马玮就起兵奔向洛阳。这一下不得了，一下掀开了“八王之乱”的序幕。贾南风又骗傻皇帝说杨骏谋反，让他下诏逮捕杨骏。有人告诫杨骏这一定是贾南风的主意，劝他立刻闯进皇宫把贾南风收拾掉。但杨骏是个外强中干的货色，关键时刻就掉链子，连一个女人也不敢收拾，结果坐等着被司马玮包围，一举端了他的老窝。贾南风又指使她的亲信到杨家进行大屠杀，杨家老幼主仆加上亲朋好友几千人都死于非命。

杨骏被乱兵杀死，他的老伴庞氏因为进宫看闺女躲过一劫，贾南风一心想要斩尽杀绝，她又指使大臣上奏要求废掉杨太后。傻子司马衷还有一点人之常情，想要拯救他的姨妈，但他顶不住

社会风情

掷果潘安，看杀卫玠

古代帅哥潘安，每次出去旅游的时候，身后总有大批异性追着他的车子跑，大家给他又是献花又是抛媚眼的，次次满载而归。晋惠帝太保卫瓘的孙子卫玠，长得那是相当的帅，跟潘安齐名。每次出去逛街，都引来大批粉丝观瞻。人怕出名猪怕壮，卫公子受不了当名人的那份累，忧郁而死，年仅二十七岁。人称卫公子是被粉丝们看死的。

大臣和贾南风的压力，无奈地批准了。随后贾南风就砍了杨芷的老妈，又把杨芷活活饿死，这一大家子的冤屈要追根溯源的话，只能到地下找杨艳算账了。

除掉了杨骏一家，朝政大权还是没有落到贾南风的手里，汝南王司马亮和大臣卫瓘乘机掌握了朝政。一想到卫瓘的女儿还差点抢了自己的宝座，贾南风更是气不打一处来。

司马亮掌权之后就想让司马玮尽早回他的封地荆州，卫瓘也表示赞成，这又引起司马玮的不满。贾南风一不做二不休，既然司马玮愿意给她当枪使，那就再使他打两枪。这年六月，贾南风又故技重施，她一面诬陷司马亮和卫瓘谋反，迫使傻皇帝下诏把这两个人罢官，一面又秘密指使司马玮到那两家发泄怨气。

两个辅政大臣在一天之内都遭了灭顶之灾，有人就告了司马玮图谋不轨的状。贾南风于是顺水推舟，跟傻皇帝说："这司马玮也太不像话了，在天子脚下大开杀戒，此人不杀不足以平民愤！"结果恶人司马玮稀里糊涂地就掉了脑袋，贾南风一石多鸟，终于除掉了洛阳城里的政敌，独揽大权。不过贾后的好景不长，一场更大的灾祸正在向她走来。

向历史借智慧

有时赢了也是输了

洛阳风波平息后，皇后贾南风得偿夙愿，成了最后的赢家。但很快她就将发现，冒了万千风险乃至性命争来的，其实是一场空。经济学家将这种情况称为"零和游戏"，这种你死我活的竞争，到头来必然是输了的输掉性命，赢了的也只是赢一个烂摊子，并且可能连烂摊子也守不住。大厦将倾之时，还有什么赢家输家之分呢！这可真是：一场闲富贵，狠狠争来，虽得还是失！

贾后归西

晋武帝司马炎曾经把自己宠爱的谢美女送给儿子，给傻小子生下了唯一的儿子司马遹。司马遹小时候聪明可爱，但是贾南风不喜欢他，一心想把司马遹废掉。

贾南风生不出儿子，但能生出鬼点子，她弄了一些绸缎绢布塞在衣服下边，假装怀孕，到了该生的时候，把她妹妹贾午的儿子抱进宫里，说是自己生的。

司马遹也是个不争气的孩子，人家虎视眈眈地想要除掉他，他偏偏不能好自为之。稍长大一点，司马遹就迷上了角色扮演游戏——在宫里头搞了一个市场，让人杀牲口卖酒。他整天练习生意人的本领，用手拎起一块肉，就能说出几斤几两，上秤一称果然分毫不差。但是这手艺练得再好，也不是太子应该干的。身边有人规劝他不要自寻祸患，司马遹不爱听，就偷偷地在那人的坐垫上放了很多针，扎得人家满屁股流血。

贾南风抓住司马遹的缺点给他大造负面新闻，大伙儿也都知

野史秘闻

“八王之乱”中的派系

“八王之乱”实际上是皇权与士族权力的一场争夺。“八王之乱”中，我们看到外戚杨氏、贾氏，司马家族——武帝的后代、司马懿的后代、司马家族的后代之间的争斗，看到其他门阀士族加入进来。经过长期的折腾，最后形成了“王与马，共天下”的格局——即皇帝和士族共享权力。

道她的企图。贾南风的老妈郭槐不愧是一块老姜，觉得这闺女做事有点不太靠谱，就劝她收敛点，还告诫说妹妹贾午和司马炎的遗妃赵粲都不是什么好东西，跟她们混在一起早晚会惹祸上身，只有跟太子搞好关系才是对她最有利的。贾南风一手遮天，实质上就是当朝的女皇，对于老妈的劝告也当作耳旁风。老妈死了之后，贾南风就跟贾午和赵粲一起密谋废掉太子。

一天，贾南风谎称傻皇帝有病，召司马遹进宫。等司马遹来了之后，她又假借皇帝的名义送来一坛子酒，命令他全部喝下。司马遹不敢抗命，只好咕咚咕咚地全都灌进肚子。贾南风把她准备好的一份“自杀遗言”逼迫司马遹抄写下来，司马遹昏头昏脑地抄了一遍，贾南风把他写的“遗言”给傻皇帝看。傻皇帝一看，这宝贝儿子不光要自杀，还要杀了他和贾南风，实在是大逆不道，就任凭贾南风下诏赐死太子。

大臣们都觉得这事蹊跷，有顺从贾南风的就主张处死太子，有些人坚持认为这不是太子写的，一直争执到天黑。最后贾南风看不好收场，只好改成废黜太子，把司马遹关在皇家监狱金墉城。

这场废太子的闹剧引起了司马家族的注意，几个皇族鼓动赵

名臣风骨

禽兽不如

阮籍有次在朝堂上跟司马昭（就是“司马昭之心，路人皆知”那位）喝酒。下属报告说有人杀死了自己母亲，大家听了，咬牙切齿中。阮籍说：“杀死自己父亲还可以，怎么能杀死自己母亲呢？”旁人喷饭，转而对阮籍咬牙切齿中。阮籍神不改色不变，解释说：“禽兽知道母亲，却不知道父亲，杀死父亲的人好比禽兽，杀死母亲的人却是禽兽不如。”

王司马伦（司马懿第九子）拥立太子。但是司马伦宠信的走狗孙秀却建议说，就算拥立太子，太子也未必感激他（因为司马伦与贾南风一直有勾结），不如等贾南风杀了太子再除掉贾南风，岂不是一举两得？

果然，贾南风容不下司马遹的存在。公元 300 年，贾南风让她那个做御医的情夫配制了一剂毒药，派太监孙虑去伺机毒死司马遹。但司马遹这会儿知道防备了，连饭都自己做。孙虑没机会下手，最后干脆用捣药的铁棒把司马遹砸死了。

虽然贾南风厚葬了司马遹，但这只能欺骗头脑简单的司马衷，却骗不了那些清醒的皇族。四月三日这天深夜，司马伦联合了几个亲戚，经过周密计划，打着为太子报仇的旗号突然闯进皇宫，贾南风的末日到了。她被押走时，大声呼叫她的傻丈夫，傻皇帝也被人挟持，对她的呼救没做任何反应。司马伦废掉贾南风，把她扔进金墉城，没过几天又假传圣旨给她送去一壶毒酒，一代恶妇贾南风终于尝到了自酿的苦酒。

向历史借智慧

从小不一定能看大

司马遹是典型的“小时了了，大未必佳”。他五岁时，一天傍晚皇宫失火，司马炎登楼望。司马遹拖着爷爷的衣服来到暗处。司马炎问他为什么要这样，司马遹回答说：“天色黑了，就这儿明亮，作为君主，应该时刻防备。”司马炎连连称奇。谁知司马遹长大后，变成了一个性格暴虐之人。

洛阳血战

赵王司马伦除掉恶妇贾南风，又从自己的亲信家里挑了一个姑娘羊献容给傻皇帝做皇后。司马伦此刻与皇位只有一步之遥，不由得动了妄心。公元 301 年年初，司马伦造谣说老爹司马懿给他托梦，让他代替傻皇帝掌管国家，就逼着傻皇帝让出宝座，尊为“太上皇”。爷叔公把侄孙子尊为太上皇，真是空前绝后。

司马伦爬上了帝位，心里万分激动，没曾想这爷爷辈的也能在龙椅上坐一坐。他抱着有福同享的念头，想让手下弟兄也高兴高兴，就把大大小小的随从全都封了官，连灶房里烧火的奴才都没落下。晋国大臣的官帽上都有一根貂尾作装饰，一下子多了很多官员，连貂尾都不够用了，只好用狗尾巴代替。洛阳城里的狗狗遭了大劫，司马伦和他的新朝廷也因此留下了一个“狗尾续貂”的笑柄。

司马伦忙着封官，可别的王侯并不承认他，你隔了好几代还跟着抢皇位，别人为啥不能呢？这年三月，齐王司马冏（傻皇帝

庙堂真相

羊皇后的四废五立

羊皇后结婚之时，发生了礼服被烧的大事，大家都觉得是不祥之兆。不久，西晋终于在动乱中结束了短暂历程。羊皇后在这个过程中被四立四废，历尽屈辱。公元 311 年，她又被匈奴人刘曜掳走，成了刘曜的皇后。一次刘曜问她，他和司马衷比谁好，羊皇后说：“根本没法比。我和你结婚后，才知道世间有大丈夫啊！”

的堂兄弟）带头挑战司马伦，成都王司马颖、河间王司马颙、长沙王司马乂等人也加入进来。

诸王联军与司马伦的军队激战了两个月，几万将士死在这场内战之中。司马伦毕竟年岁不小了，敌不过这些血气方刚的后生，兵败后被关进金墉城，后来跟他的四个儿子一起被赐死。

司马冏怕皇帝的宝座不好坐，又把傻子司马衷扶上皇位，自己当了无冕之皇，整天花天酒地。那些已经被激起权力欲望的同族们并不甘心。第二年，河间王司马颙（司马懿的侄孙）罗列了司马冏的一堆罪名，号召各路人马共同讨伐他。司马颙这小子也想玩个借刀杀人之计，宣称长沙王司马乂是他的内应。这样说是想让司马冏先把司马乂除掉，谁叫他是傻皇帝的六弟呢，排行靠前当时又身在洛阳，继承帝位的机会太大了。

司马冏听到风声果然派兵去捉拿司马乂。司马乂的消息也很灵通，虽然他没有多少兵将，但是他亲自带人进宫，请傻哥哥下了一道处死司马冏的诏书，然后直奔司马冏的老窝与其血战了三天三夜。司马冏战死在混乱之中，他的两千多名党羽也都被诛杀。

这个结果大大出乎司马颙的预料，打乱了他的好算盘。司马

野史秘闻

金墉城

金墉城是魏晋时的名城。此城建于魏明帝曹时，在当时洛阳城（今河南洛阳市东）的西北角。魏晋时被废的帝、后，都被安置在这里于此。此城虽小但坚固，是攻守要地。它最后一次在重大历史事件中出现是隋末，瓦岗起义军据此进逼洛阳。

颙不想把自己惦记很久的鸭子送给别人，就暗中指使三个大臣刺杀司马乂，结果被另一个大臣皇甫商告发而失败。司马颙一看暗箭不行，还得使明枪。公元 303 年，司马颙派他的部将张方联合成都王司马颖（傻皇帝的十六弟），带兵进攻洛阳。

司马乂亲自带兵迎敌，打了几个月不分胜负。洛阳城里的大臣想到司马乂和司马颖是同父的兄弟，应该有话好商量，就出面替兄弟俩调停。但是司马颖要求司马乂杀死皇甫商才能罢休。司马乂是个讲义气的人，皇甫商告发谋杀救了他的命，他坚决不肯背信弃义。

战争持续到第二年，司马乂渐渐处于下风，军队开始闹饥荒。但是司马乂宁愿自己挨饿也要保证傻哥哥吃好穿暖，将士们都愿意与他同生死共进退。张方听说司马乂将士同心协力，认为不能取胜，就想撤回长安。

眼看着敌兵即将撤走，东海王司马越（司马懿的侄孙）从中插了一脚，他觉得司马乂不能取胜，想要抓住他向司马颙请功，就在背后下黑手，假传圣旨罢免司马乂，把他逮捕后关押在金墉城。

名臣风骨

顾荣施炙

顾荣在洛阳的时候，一次应邀赴宴，看到烤肉的厨子对着烤好的肉，流露出想吃的神情，顾荣就把自己那一份让给了厨子。同座的人都笑话顾荣，顾荣说："哪有成天烤肉而不知肉味这种道理呢！"后来北方战乱，顾荣迁居江南，发现每次遇到危急情况，都有一个人现身来护卫他，一问，原来此人就是那个烤肉的厨子。

那些追随司马乂的将领发现真相后，纷纷找司马越要人，试图救出司马乂。

司马越难以平息众怒，向张方出卖了关押司马乂的地点，张方带兵到金墉城抓走司马乂，把他活活烧死。“八王之乱”中唯一名声不错的人就这样烟消云散了。

向历史借智慧

“利”字边上一把刀

天下熙熙皆因利来、天下攘攘皆为利往，八王之乱，刀光剑影，脱不了的都是一个“利”字。有时想想，中国古人的造字，真是妙不可言，“利”字边上，明明白白地站着一把刀，告诉世人，“利”这东西，虽有好处，但也有丧身败家的危险。人生在世，对一“利”字，不可不慎。

晋惠帝升天

司马乂死后，司马颖自立为皇太弟，企图成为傻皇帝的接班人。成事不足败事有余的司马越又来了精神，他召集一支军队，去讨伐司马颖。他担心别人乘机劫持傻皇帝，就把傻皇帝带到军中。

但是司马越打了败仗，他丢下傻皇帝落荒而逃，傻皇帝被人砍了一刀，又中了三箭，身边的人各自逃命，最后只剩下一个侍臣嵇绍拼死保护他。嵇绍被人砍倒在傻皇帝的眼前，傻皇帝大声喊着不要杀，不要杀，他是忠臣！没人理睬他的话，鲜血溅到傻皇帝的身上。后来别人要给他洗这件衣服，傻皇帝说这是嵇绍的血，不要洗。

可怜的司马衷虽然智商不高，却还知道谁是真心对他好，但他改变不了当傀儡的命运，又被司马颖劫持到邺城。皇帝一旦离开了国都，谁都想抢上一抢。司马颖遇到了黑吃黑的势力，打了败仗，只好用牛车拉着傻皇帝逃进洛阳。

司马颙的部将张方驻扎在洛阳城，仗着自己兵多势众，非常

庙堂真相

张方的人头

司马颙把张方的人头送给司马越，请求和解。司马越率大军逼近长安，成功在握，自然予以拒绝。于是他就利用了一下张方的人头——送张方的人头给司马颙的其他将领看。其他将领一看张方的下场，纷纷放下了武器。司马颙的部队被瓦解，司马越成为了最后的胜利者。

狂妄。他的兵将在洛阳城奸淫掳掠，没多久把皇宫都抢了个精光。洛阳的日子过不下去了，张方又带着傻皇帝和司马颖还有傻皇帝的二十五弟司马炽一起转奔西安。张方为了让傻皇帝绝了回洛阳的念头，想一把火烧毁洛阳城，幸亏司马颖的手下卢志劝说才作罢。

公元304年，十二月，司马颙废掉司马颖的皇太弟资格，把他赶回老家，又把司马炽立为皇太弟。洛阳的司马越以迎请皇帝回洛阳为借口，组织了一支联军去征讨司马颙。张方建议司马颙把傻皇帝送回去，堵上各路诸侯的嘴，再慢慢平定四方掌握大局。但是司马颙没有采纳他的建议。

公元306年，司马颙对战争失去了信心，想与司马越讲和。有个与张方不和的人乘机教唆司马颙杀了张方，认为献上张方的人头就可以达到停战的目的。司马颙就杀了张方派人去讲和，却遭到司马越的拒绝。最后长安城被攻破，司马颙独自逃进了深山。而司马颖也在司马越联军的攻势下兵败逃亡，最终不明不白地被人弄死。

司马越打了胜仗，把傻皇帝和皇太弟司马炽接回洛阳，过上了权倾天下的日子。十一月的一天晚上，傻皇帝在自己房里吃面饼，

野史秘闻

司马衷的吉尼斯纪录

司马衷控制不了朝政，更控制不了“八王之乱”，连带使他也非自愿地在中国历史上创造了一些纪录，如皇储最多（皇太弟两个、皇太孙两个），被自己的长辈司马伦尊为太上皇（司马伦为其叔祖父），最多人的傀儡等。

突然中毒而死，他这尊贵而不幸的一生就这么结束了。他本该做个普通人，过点悠闲自在的生活，可惜这种于国家有利的正轨被他的老妈给扭曲了。

很多人怀疑是司马越毒死了傻皇帝，但没有人去追查。傻皇帝死后，司马炽作为皇太弟顺理成章地继承了皇位，后人称其为晋怀帝。司马炽是司马炎最小的儿子，虽然他也想励精图治，整顿朝纲，但是经过司马家族多年的混战，晋国的大地上是千里荒原民不聊生。想在乱世中一夜成名的也不止司马家族，混乱的局面早已不可收拾。

向历史借智慧

难得糊涂

西晋的政权混乱不堪，社会黑暗，就连身为皇帝的司马衷都只能任人宰割。这样看来，他的痴傻或许也算是一种福气了。如果他智商正常的话，在经历过这么多的尔虞我诈、你争我夺后，恐怕也被气得吐血而亡了。我们身处社会中，防人之心固然不能少，但很多时候在为人处世上，倒不如糊涂一下，落个轻松自在。毕竟凡事太计较的话，只会给自己徒增烦恼，人生很短，快乐很重要。

李雄、刘渊南北称帝

司马家族混战的时候，张三李四们也没有闲着。在四川就有一个叫李特的氐族人，他跟当地一些有名望的人一起招纳流亡人民进行了一场暴动，那些在战乱中流离失所的人纷纷加入进来。

但是起义军既要跟官府作战，又要跟所到之处的土著势力较量，一度有点吃不消。头头们开会一研究，决定做点宣传招聘人才。

当时在成都有一个“天师道”，很多贫苦农民饱受压迫又缺吃少喝，精神上没有寄托，就加入了天师道。当地有一个叫范长生的人，很有学问又讲信用，渐渐地成为天师道的当家老大。范长生比较看好李家领导的这支义军，就利用天师道的影响募捐钱款和粮草，帮助义军招兵买马，使李家的队伍壮大了声势。

公元 303 年，李特被官兵杀死，他的儿子李雄继续指挥义军作战，李雄打败了官兵，后来又攻占了成都。李雄非常敬重范长生，想拥立他称王。但范长生却说：我帮助你们绝不是想要称王称霸，用得着我尽管说话，王位您还是自个儿留着。

庙堂真相

“长生大帝”

范长生近百岁才逝世，他博学多闻，蜀地之人敬若神明，就尊他为“长生大帝”。之所以称他为帝，还因为他的儿子范贲当了一下皇帝。公元 347 年，东晋灭成汉时，成汉将领拥立过范贲为帝，让他成为了成汉政权的末代皇帝。

公元304年，李雄在成都自立为王，两年后又称皇帝，定国号大成。李雄带领这些流民建立政权之后，由于缺少文化人辅佐，领导班子搞得不太正规，大小官员分不清主次尊卑。不过对老百姓来说，只要过上安定的日子就比什么都好。李雄制定了较低的税收政策，废除了那些苛刻的法律，让老百姓都能安居乐业。

在西山隐居的范长生听说李雄成为有道的明君，也亲自跑来拜访他。范长生这时候已经八十八岁，鹤发童颜的像老神仙一样，李雄率领文武百官亲自来迎接他，把他拜为丞相。

在范长生的辅佐下，大成政权强盛起来，统辖的境内也比别的地方安定，各地有文化的人都跑来投奔。

大成的繁荣持续到公元334年。这一年李雄去世了，由于家族成员争位内斗，大成政权开始衰落。李氏家族领导流民起义，可谓是白手起家，而匈奴人刘渊却是自戴高帽起家。

刘渊从小学过很多汉族文化，曾经接受司马炎封官，八王战乱的时候给司马颖效过力。刘渊的一位长辈刘宣说，咱们匈奴人这些年跟汉人和睦相处，汉朝没落之后，咱们的单于只有虚名，连一点儿土地都没有了。司马家族自相残杀，这是晋朝自取灭亡，

野史秘闻

“五胡乱华”

西晋王朝八王混战，边疆少数民族就趁机兴起了。这其中著名的有“五胡”：匈奴、鲜卑、羯、羌、氐。从西晋灭亡到北魏建立的百余年间，这些少数民族及汉人在华北、西北地区建立了十六个强弱不等、大小各异的国家，相互争夺混战，这被学者们称为“永嘉之乱”“中原陆沉”“神州陆沉”“中原沦陷”。

也是我们复兴匈奴的最好时机。刘宣与各部族的人商议，共同推举刘渊为大单于，偷偷派人告诉刘渊。司马颖想借助匈奴的力量去打自己的同族亲戚，刘渊借口替他调兵回到了匈奴国都左国城（在山西），就把司马颖晾在一边不管了。

为了拉大旗作虎皮，刘渊自称是匈奴单于冒顿的后代。为啥要打冒顿的旗号呢？因为冒顿曾经娶过汉高祖刘邦的女儿（其实是刘邦找人冒充的），为了跟汉人交往方便，他的一些后人就改姓了刘。刘渊想和大汉朝拉上亲戚关系，好赢得匈奴人和汉人的共同支持。公元 304 年，刘渊自称汉王，又把刘备那个败家儿子刘禅追谥为“孝怀皇帝”，还设立宗庙供奉大汉朝的祖宗。

司马家的一个小王族司马腾（司马越的弟弟）对这个匈奴人建立的汉国嗤之以鼻，决定教训刘渊一下，结果吃了败仗吓得逃到山东去了。刘渊乘胜追击，攻占了不少城池。由于刘渊身兼匈奴与汉嗣的双重身份，很多少数民族和汉人都来投靠他，他的声势越来越大。公元 308 年，刘渊正式称帝。他多次派人攻打洛阳，但是被司马越打退。公元 310 年，刘渊病死，他没能亲手灭掉晋国，这个任务将由他的儿子去完成。

向历史借智慧

不打不相识

翻看中国历史，我们会发现，历史上的中国也像现在的欧洲一样，诸国林立，民族众多。但他们在长久的对打、交往、交流中融合在了一起。这真应了那句话：不打不相识。打是相识的开始，一来二往，由仇敌而朋友而通婚成为了一家。

皇帝仆人

公元310年，匈奴汉国皇帝刘渊病死，他的长子刘和继位，但是没几天就被刘渊的四子刘聪杀掉，刘聪自立为皇帝兼单于。

次年，苦县屠杀之后，司马越的部将保护着司马越的老婆儿子逃往山东，引得皇亲国戚像毛毛虫一样尾随。晋怀帝司马炽觉得大伙都往山东跑，有点不靠谱，他就独辟蹊径带着他的儿子奔向相反的方向——长安。他的战略路线倒是很正确，但四处都是匈奴汉国的部队，登天无路入地无门，最终父子俩双双被捉，跟随他们的皇亲国戚们全都成了匈奴人的奴隶。

虽然刘聪也是个狠角色，杀死老哥连眼都不眨一下，但他还是不能理解司马家大规模的家族内战。他问司马炽："为何你们家的骨肉相残这么厉害？"司马炽沉痛地说："大汉受天命而兴，司马家只好自己动手替陛下铲除。"

匈奴人对待俘虏不会像司马炎对孙皓那样，又赏座位又封侯。刘聪把司马炽当仆人使唤，这按他们的习惯已经算很照顾了。

庙堂真相

专吃"窝边草"

荒淫好色是封建帝王的通病，刘聪的特色是好吃"窝边草"。刘渊的皇后单氏很有姿色，刘聪根据匈奴习俗"父死，妻其后母"，就拿来用了。刘聪还看中了近亲本家刘殷的两个女儿，娶进了后宫；刘殷的四个孙女也不错，刘聪又照单全收了。于是，姑女六人同事一夫，三辈同床，创造了中国后宫又一项荒唐之最。

有一次刘聪大摆宴席，司马炽穿着一身青衣小褂，给这位倒杯茶，给那位斟点儿酒。他的一个旧臣看到了，感到十分心痛，就忍不住放声大哭。这一哭不要紧，扫了刘聪的兴，后来刘聪就派人送去一壶毒酒把司马炽给毒死了。

西晋的领导司马炽没了，一些不甘落寞的政府干部们，就把司马炽的侄子司马邺带到长安。这个倒霉的孩子就成为了西晋的末代皇帝——晋愍帝。

316年，刘聪又派兵围攻长安。到了年底，长安城弹尽粮绝，司马邺只好按照匈奴人的要求，袒胸露背地乘坐一辆羊车，嘴里还叼着一块玉璧，出城去投降。大臣们围住皇帝哭号不止，他们拉的拉拽的拽，都不同意皇帝出城。但是司马邺饿得发了疯，他现在急需有口饭吃，管不了那么多。他推开那些大臣，自己驾车来到城外束手就擒，西晋就此灭亡了。

司马邺被封了一个“光禄大夫”的头衔，然而他的待遇比司马炽还要差。刘聪宴请群臣，他要斟茶倒水，这个倒也可以，就当是出国打工刷盘子了；刘聪进山打猎时让他手持长矛充当先锋，这个就有点危险系数；最可气的是，刘聪撒尿时要司马邺去掀马

野史秘闻

西晋的三省制度

西晋政权灭亡了，留给后世的一大政治遗产是三省制：尚书台（省）以尚书令、尚书仆射主掌，下置吏部、殿中、五兵、田曹、度支、左民六尚书，分掌三十五曹，负责各类行政职权；中书省长官中书监、中书令掌管诏令、文书的撰定；门下省长官侍中、散骑常侍负责审查朝廷文案。

桶的盖子，甚至拉个屎也要司马邺替他扇扇子。

十八岁的下野皇帝倒是挺能忍辱负重的，他现在但求不死。可是他的臣子们却忍受不了，一个个痛哭流涕——大概不知道司马炽是怎么死的，或者根本就不想让小主子再苟活于世吧。刘聪看到晋国旧臣心怀不满，担心他们会图谋复辟，没过多久就派人杀死了司马邺。唉，人世间的至尊与至辱就是这样变幻莫测，只恨生在帝王家呀！

向历史借智慧

卑鄙是卑鄙者的通行证

古人信奉君权神授，不论谁当上了皇帝，往往都会将自身神化，将“皇帝”这个职业神化，让老百姓一提起便由敬生畏。所以皇帝对于别的皇帝，虽然暗地里的手段是尽量要杀而灭之，但明面儿上，还是会给对方留点面子。因为皇帝会想到，今天我这样折辱别人，那么有一天自己也可能会被其他人所折辱。但刘聪似乎不懂这一套，品行卑鄙的人只会一味地卑鄙下去。

第二章 南渡，南渡

西晋灭亡的次年（公元317年），司马家族成员司马睿在南京建立东晋政权。东晋是一个先天不良的帝国，它必须要凭借跟权臣和权臣背后的大家族合作才能有果子吃。但它的命运却出奇地好，北方正陷在“五胡十六国”的泥潭里，无暇南顾，东晋得以幸运地混着日子。

公元383年，统一北方的前秦大帝苻坚向混日子的东晋帝国发动泰山压顶的一击，这就是后来史家所称的“淝水之战”。但幸运的是，厄运捉住了苻坚，东晋踩上了它历史上最大的狗屎运——他们赢得了淝水之战的胜利，也赢得了三十八年苟延残喘的时光。而因为苻坚这次战败，前秦帝国瓦解，中国北方再度成为尸横遍野的战场。

“王与马，共天下”

东晋的开国皇帝司马睿在皇室宗族里的地位本来不高，他的爷爷是司马懿的第五子司马伷，就是曹髦“造反”时给让道的那位。

司马睿当琅琊王的时候，琅琊有一个王氏家族，出过不少高官名流。那位空谈误国的王衍是琅琊王氏的负面人物，而他的同族兄弟王导却成了响当当的开国功臣。可以说，东晋就是王导一手策划出来的。

王导还没做官的时候就跟司马睿成为朋友。王导的眼睛那可真毒，一眼就看穿了司马炎的前生后世，他预料几十年之内天下必将大乱，而那些热衷于窝里斗的王爷王孙，不过是填充历史鸿沟的沙石土块，只有司马睿，在王导眼里是一支潜力股。王导告诉司马睿，别人打架的时候你要远远地观望，千万别惹火烧身，等他们自己都被打倒了，就该你出场了。

“八王之乱”后期，司马睿被司马越任命为镇东将军，驻守在下邳（今江苏徐州）。王导说这是个好机会，大江以北乱成了

野史秘闻

“牛继马后”

据说，司马懿当权时，看到一本神秘的图册，上面写着“牛继马后”，于是，对姓牛的很忌讳，用毒酒毒死了手下将领牛金。谁知到他孙子司马觐时，王妃夏侯氏私通王府小吏牛氏而生下了司马睿。西晋亡后，司马睿即位——牛家儿子抢了司马家天下。

一锅粥，大江南边却是风平浪静的，不如咱就搬到江南发展。公元 307 年，司马睿又往南挪了挪，把家搬到了建康（前东吴国都建业）。

这段时期，晋国的很多知识分子为了避难也都逃到了江南，在这里虽然过上了消停日子。但这些背井离乡的人总还是感到失落，他们在老家的时候都爱搞个聚会喝点儿小酒，这里长江边上有个新亭，就成了这些人老乡聚会的地方。有一次王导也来参加，一位老乡喝了二两酒就开始唉声叹气，星星还是那个星星，月亮也还是那个月亮，咱们却从黄河边上来到了长江南岸。叫他一说，大伙都起了思乡之情，这辈子也不知道能不能再回老家，都忍不住抹起了眼泪。

王导看了很生气，当时就吹胡子瞪眼地说：“司马集团还没有彻底破产呢，咱们应该齐心合力帮着领导扭亏为盈，干吗像囚犯一样哭天抹泪呢？”大伙一听都感到非常惭愧，纷纷打起精神，决定重新干一番大事。王导给司马睿出主意，让他招聘人才，知识分子们一传十十传百，都跑来给司马睿打工了。

西晋亡国之后，无依无靠的“晋民”们更加需要一个跟“晋”

野史秘闻

丞相王导

丞相是秦汉时的官职，如曹操被称曹丞相。但在西晋初年没有设置这一官位。惠帝之后，有时有有时无，当过丞相的分别是赵王司马伦、梁王司马肜、成都王司马颖、南阳王司马保等人，可见都是权臣，都是自我封赏，不是一般人能够当的。而王导能当上丞相，是因为他为东晋立下的功劳可谓大于天了。

字有关的精神领袖。公元317年，四月，在众星捧月的欢呼中，司马睿自立为晋王。消息传到北方，饱受蛮族蹂躏的北方遗民也有了精神寄托，那些拉帮单干的个体老大也想成为司马睿集团的加盟户，联名给他写了一封信表示忠心。

可是司马睿的爷爷是小妾生的，旧社会讲究正宗嫡嗣，对东吴故地的地头蛇们来说，他这样的旁门末枝要想受到追捧可没那么容易。为了让司马睿在江南人心中树立威望，王导又策划了一次大型公关活动。每年三月三日，江南人不分老幼尊卑都要到水边洗濯，祈福求运。到了这一天，在江边祈福的人们突然看到一支浩浩荡荡的巡游队伍，几个彪形大汉肩扛一顶无篷小轿，司马睿高高地坐在上面，身后跟随着文武百官招摇过市。江南人自从东吴亡国后已经很久没见过这个阵势，一时间震撼、欣喜、激动和油然而生的敬意全都迸发出来，纷纷跪在地上向司马睿行礼。司马睿这个乐呀，咱现在终于得到土著的认可啦！王导偷偷地提醒他，您别光顾乐，赶快深入群众啊！司马睿赶紧从轿上下来，亲手把乡亲们扶起来，一个贤德亲民的皇帝形象一下就树立起来了。

第二天王导就代表司马睿亲自去聘请当地的名人，渐渐地越

社会风情

清谈误国

知名人士王衍，一表人才，辩才一流，引领了两晋时期的清谈之风。一次，年幼的王衍去拜访“竹林七贤”之一的山涛。山涛看见他后，赞叹不已。王衍离开的时候，山涛还目送他远去，感慨地对人说：“不知道是哪位妇人，竟然生出了这样的好儿子！不过要误尽天下老百姓的，也必将是这个人！”

来越多的江南知识分子融入了东晋政府。

为了跟当地人套近乎，王导还特意学习吴地方言。有一次当地的名人刘惔到王导家串门，看大门的向王导一报告，王导赶紧脱掉了上衣，光着膀子站在院子里，还把肚皮贴在石头棋盘上，连连用方言说："真凉快，真凉快！"他这番入乡随俗的表演让刘惔非常满意，后来别人向刘惔打听王导这人怎么样，刘惔说王导这么大的领导一点架子都没有，跟咱这里的人一样，还说咱们的方言呢。

公元318年，司马睿正式开始当皇帝。在登基大典上，司马睿突然当众提出要王导与他同坐龙椅。这种从天而降的馅饼绝对能把人砸死。王导不是个傻子，他一再声称自己从没有这样的想法，坚决不肯接受，最终还是消消停停地做他的宰相。这便是历史上著名的"王与马，共天下"——表面上看是司马睿对王导的尊重，其实他是暗示你王导的风头出大了，需要收敛收敛。

东晋王朝拉开了序幕。一度笑傲江湖的"大司马们"都化作历史的浮云，晋元帝司马睿才是真正的真龙天子。

向历史借智慧

君臣有别

凡是开国君臣，都一同经历过共患难的时光。不过一旦得了天下，想要共富贵就很不容易了。的确，皇位只有一个，君王也只能有一个。曾经的功臣们既然能肩负开国的大任，能力都不弱，身为皇帝的就不能不防了。我们在工作生活中，免不了要面对处理上下级关系的问题。务必记住，再和善的领导他也是领导，上下有别，我们只有先遵守应该遵守的规则，才有资格谈及改变和进步。

王敦造反

琅琊王氏出了王导这位大功臣，家族名望发展到了巅峰。王家自王祥以来就是晋朝士族世家，王导发达之后，王家的堂兄表弟侄子外甥更是跟着都当上了高干。但司马睿的心里却越来越不舒服：这天下到底是司马家的天下，还是你王家的天下？怎么搞成了你们王家的家族企业了？

司马睿决定对王家进行打压，他把自己的两个老部下刘隗和刁协提拔起来。这两人早就对王家眼红得要死，得到主子的鸡毛令箭马上就活动起来。他们也培植了一批党羽，处处排挤王家的人。王导虽然势力很大，但他从没有什么称王称霸的非分之想，就老老实实地在家观望，看看司马睿到底要搞什么名堂。

王导有个同族兄弟王敦坐镇武昌。这兄弟脾气可不好，他掌握着长江中游各地的军政大权，一跺脚长江都要抖三抖。司马睿的两个亲信在都城里闹够了，又被派到王敦的辖区去当官，想要夺王敦的兵权。

庙堂真相

大将军王敦

大将军是将军的最高封号，汉武帝时开始设置，到东汉成为外戚权臣的专有职务。晋朝的大将军，级别基本在三司（司徒、司空、司马）之上。王敦当时的官职是镇东大将军、开府仪同三司，加都督江扬荆湘交广六州诸军事、江州刺史，算得上是三军最高统帅了。

一开始王敦还想跟皇帝理论理论，后来发现司马睿像吃了秤砣铁了心，要跟他过不去，他就一拍桌子发起飙来。公元322年，二月，王敦率领着军队从长江顺流而下，打着“清理害群之马”的旗号直奔都城建康。

本来王导闷在家里正自我安慰呢，忍一忍风平浪静，退一步海阔天空。但经王敦这一闹，王导坐不住了：起兵造反那是灭门灭族的大罪，你脑门一热抄家伙就干，我们这些人都在司马睿眼皮子底下，一下成了“被造反”，还不得先掉了脑袋？

王导吓得把他们家的“王子王孙”都赶紧找来，洗净了脖子，一块上宫门口跪着请罪。王家人在宫门口跪了好几天，司马睿既不降罪也不搭理。他知道自己如果没有王家扶持，恐怕也坐不稳江山。那两个亲信跑回来一再鼓动他先杀了王导，司马睿想来想去也拿不定主意，最后大臣周顗替王导说了不少好话，司马睿终于决定赦免他们。

王家人的脑袋算是保住了，但建康城很快就被王敦攻破，王敦杀死了刁协，刘隗吓得渡江投奔胡人去了。王敦除掉了这两个心腹大患，有心思一不做二不休，干脆把司马睿也做掉，换一个

野史秘闻

一曲胡笳救孤城

刘琨是音乐好手，尤善吹胡笳。公元307年的一天，晋阳城（今山西太原）被匈奴包围。刘琨兵少，不能硬拼，只好一边防守，一边求援。一晚，刘琨登上城楼，忽然想起“四面楚歌”的故事，就集合会吹胡笳的士兵，由他领队朝敌营吹起了《胡笳五弄》。匈奴人一听，顿起思乡之情，半夜撤围而去。

听话的皇帝。王导坚决不答应，王敦知道如果没有王导的配合，他自己也达不到目的，只好气呼呼地回了老家。但是他纵容手下做了很多坏事，连自己的亲戚都看不下去了。

司马睿连惊带吓，这年年底就一命呜呼了，他的儿子司马绍继位成为晋明帝。王敦觉得这是上天给他的机会，就想趁着新皇帝立足未稳把他废掉。王敦先是迫使司马绍给他封了一堆光荣的头衔，又自己改任官职，排除异己，横行霸道，不可一世。

王敦的直系亲属有些并不愿意上他的贼船，就悄悄地把他的企图告诉了王导。王导可不想再受他的牵连，马上发布了一份声明，跟叛臣贼子王敦断绝关系，坚决拥护朝廷对王敦做出惩罚。公元324年，王敦也病倒了，司马绍一面乔装打扮亲自到王敦的营区探听消息，一面积极备战。

王敦自己病得下不了床，就让他的哥哥王含做元帅，再次以清除奸臣的名义出兵。王导听说王敦病得不轻，就宣布说王敦已经死了，大张旗鼓地替他办起丧事。原本想要投靠王敦的人及时和他划清了界限，皇帝的支持者顿时受到了鼓舞，连连打败叛军，结果愣把王敦气死了。王敦没有儿子，早就把王含的儿子王应立

野史秘闻

混血的后代

明帝司马绍的母亲是鲜卑人，明帝像母亲，长得金发黄须。混血儿明帝很是神勇。一次，他乘马微服侦察王敦营垒。当时，王敦正在睡觉，突然梦到太阳围着他的城池打转，马上坐起来叫道："一定是杂种狗皇帝来了。"（"此必黄须鲜卑奴来也"）于是派兵捉拿，但是被明帝用计逃脱。

为继承人。这父子俩打了败仗只好逃奔荆州。那里的地方官也是王家的人，但是人家早就不打算认他们这门亲戚，咔咔两刀就结果了他们，扔到江里喂鱼去了。

王敦的叛乱就此平息了。除了已经死掉的那几位，几乎再没有亲属受到株连，很多人还因为大义灭亲升了官，这在亲族株连的年代里是极其罕见的。

向历史借智慧

害群之马惹人厌

东晋建立以后，王家人狠狠火了一把。不过，还不等大家过几天安稳日子，王敦的造反就开始了。要问王家人最讨厌的人是谁，恐怕非王敦莫属。

任何团队中，最显眼的人物不是特别出众的，就是为害大伙儿的。要被人敬仰还是被人唾弃，就看我们自己怎样选择了。

刘曜醉酒失国

公元318年，匈奴汉国皇帝刘聪病死了，他的败家儿子刘粲成了大当家。刘粲一天到晚地沉迷酒色，有个大将军靳准满肚子坏水，整天造谣说刘家的亲戚要废掉刘粲。刘粲经不住挑唆，杀死了自己的弟弟和一帮亲戚，只有几个腿脚麻利的以百米冲刺的速度逃到长安，投奔了刘粲的堂叔刘曜。

刘粲玩了这招自断经脉，随后自己就成了靳准的刀下鬼。

这年十月，刘曜称帝，上台第一个举措就是找靳准报仇。但是刘曜担心自己的力量不够，于是找到了另一位实力派将领石勒帮忙。

在石勒的配合下，刘曜把靳家人杀了个精光。石勒抢占了靳家的据点平阳，为了跟新皇帝搞好关系，他派手下王脩向刘曜去报喜。王脩有一个小跟班，一心想攀上刘曜这个高枝。他跟刘曜说，石勒假装派人报喜，其实是来打探您的底细，准备找机会偷袭，人都说先下手为强，后下手遭殃，您不如先把他干掉。

庙堂真相

匈奴的覆灭

匈奴汉、前赵相继灭亡，大部分族人惨遭屠杀，劫后余生者逃往各地避祸。有的东迁辽东，有的南迁河南及中原各地，融合于汉族之中，有的西迁甘肃一带，也有的北逃大漠，更有的远迁中亚和欧洲，但大多数则仍居住在华北地区，即今内蒙古、山西、河北一带。隋唐时，匈奴刘氏还发展为东郡、河南、雕阴等地的望姓大族，并产生了一位宰相。

石勒会演戏，会偷袭，这是出了名的，刘曜完全有理由相信，可是他现在只是个挂名皇帝，要论战斗力比石勒差远了，就算先下手心里也没底。刘曜越想越生气，就把使者王脩给杀了。这样一来等于在老虎嘴边拔了一根胡须，就跟石勒结了仇。

刘曜回到长安，把国号改成赵，他不想再冒充刘邦的后代了。石勒听说了也自立为赵王，跟他对着干。刘曜不敢动石勒这个大老虎，吃点窝边草还是可以的，几年下来就把长安周边的草全啃下来了。公元 324 年，石家的子弟杀死了刘家的地方官，引爆了边境战争，羯人跟匈奴人开始玩命了。

公元 329 年，刘曜攻打洛阳东边的金墉城，这座司马家的皇家监狱现在归某位“小石”掌管。刘曜围攻了三个月也没打下来，手下的弟兄都没了信心，整天掰着手指头就盼着早点撤军。军心这么散漫，刘曜也不给大伙开个会，训个话，鼓动鼓动积极性，整天就跟几个溜须拍马的家伙在一起喝酒。

这一天刘曜正喝得痛快，突然有人报告说石勒率领着无边无沿的羯族大军渡过了黄河，刘曜才安排人去堵截。两军交上手，刘曜的手下捉到几个羯族小兵一审问，了解到石勒的真正实力比

野史秘闻

胡汉分治

刘聪创立了一套胡、汉分治的地方行政体制，置左、右司隶，设内史统治汉人。又设大单于，下设左右辅，各领六夷十万落。这套制度保存了大单于的职能，其地位仅次于皇帝，而且担任大单于的大都是皇位的继承者。

他们想象的还要强。刘曜害怕了，想再跟这耗下去，就连退路也没有了，还是放人家一马，与人方便，与己方便吧。

刘曜带着部队扔下金墉城，急行军来到洛河西边安了营寨。石勒看到刘曜的军队主动撤走了，心想你小子还算识趣，就大摇大摆地住进了洛阳。石勒不会坐视刘曜就这么全身而退，吃顿饱饭，睡个好觉之后，就来找刘曜决斗了。

刘曜好喝酒这个毛病算是改不了，高兴了要喝庆功酒，不高兴了要喝解闷酒，这种生死攸关的时候，当然也得靠酒壮壮他的英雄胆。刘曜喝够了，这才拎起大刀出门直奔他的宝马，这宝马大概也喝了，主子的屁股还没坐稳，它先趴下了。

旁边人都说，这是不吉利的征兆啊，大哥要不咱今儿个先不出战。刘曜挥挥手说，怕个屁！今天是个好日子，出发！

换了一匹战马，刘曜晃晃悠悠出场了，身边的随从还得捧着酒壶侍候着，刘老大一手提大刀，一手提酒壶，边走边喝。就他这个状态，手下的兄弟们想的不是怎么打胜仗，而是先瞄好了打败仗往哪边跑。战斗一打响，这些匈奴兵勉强比划了几下就各自逃命去了。刘曜醉眼昏花也不知哪边是敌人，哪边是自己人，他

社会风情

魏晋风流

魏晋人追求一种内在的精神气质，后代称之为魏晋风流或魏晋风度。其外在表现为药与酒、姿容、神韵、文采辞章、玄谈、书法与雅集。服药即求长生，饮酒可以放浪形骸，任情恣性，谈玄、为文、作书则直接表达性灵风神。总的来说就是不干实事。鲁迅先生曾专门写文章谈魏晋风度。

那马可不傻，别人都逃跑了，还等着让人抓住烤马肉啊，它也尥着蹶子逃跑了。

羯人在后面拼命追，刘曜也不抱着马脖子，那马跑着跑着就把他甩到地上。刘曜说你回来，不能无人驾驶呀！那是违章呀……诶，这谁？谁把我抬走了？

有人抬着挺舒服，等刘曜再睁开眼睛，往左看看，不认识，往右看看，也不认识。他惊呼道，天呀，都是羯人！我这是在哪呢？左右的人明确告诉他，对不起，你被俘虏了！

汉赵国的皇帝就这么当了俘虏，他被押到石勒的老窝襄国。一路上待遇还是挺人道的，有人侍候吃喝，还有人给他治病。到了襄国又住进“五星级宾馆”，还有美女陪着，他不由地问，干吗对咱这么好，肯定有啥企图吧？

石勒看他也不傻，就打开天窗说亮话：虽然你落在我手里，跑是跑不掉啦，不过你还有儿子，你呢给他写封信，让他早点投降，在我手下也能封个王公侯爵，咱两家合为一家，不也是挺好的事？

刘曜现在酒醒了，只恨世上没有后悔药啊。他拿起笔，嘻唰唰嘻唰唰，一会儿就写完了。跑腿儿的赶紧给石勒送去，石勒打

野史秘闻

鹿死谁手

后赵皇帝石勒，一次和大臣们喝酒，问自己像古代哪个皇帝。大臣说：“陛下的功劳超过了刘邦、曹操，可以和轩辕黄帝相比了。”石勒笑着说：“你说得有点离谱了。我如果碰到刘邦，会向他称臣；遇到刘秀，会和他拼一拼，看看鹿死谁手；至于曹操、司马懿，只知道欺负孤儿寡妇，岂是英雄所为？”说得大臣们直呼万岁。

开一看，刘曜哪是让他儿子投降，他告诉儿子刘熙要亡羊补牢，吸取他这个教训，好好治理国家，不要为自己一个酒鬼向石勒投降，否则老爹到地下，也没脸见列祖列宗。

既然刘曜这么说，那还有啥利用价值，石勒就把他杀掉了。第二年石勒又派兵攻破了长安，把刘熙也咔嚓了，汉赵帝国从此灰飞烟灭。

向历史借智慧

越喝越疯狂

五胡十六国的君主大臣们有一些共同的嗜好，那就是喝酒、杀人。而且比赛似的，一个比一个狠，一个比一个杀得疯狂。有人说：少数民族政权短命而亡，原因就在于太汉化。在这儿应该说是野蛮的胡风太盛。胡人乍进中原，看到西晋清谈而亡，自然看不起中原人，沉溺酒色之余不忘疯狂屠杀。这种过把瘾就死的玩法显然不符合治国之道。

冉闵之死

公元350年，后赵的政权被推翻后，百姓们总算有了汉人当家做主的感觉。冉闵眼见民族复仇的火焰越烧越旺，心中很欣慰。有人就跟他说："复仇好是好，可咱们把胡人的政权推翻了，是不是应该有个自己人建立的政权了？毕竟，干啥事都不能少了皇帝不是？"

于是，冉闵毫无悬念地被大家推举，当上了皇帝，改国号为魏，史称冉魏。属于汉人的政权总算建立了，百姓们都欢天喜地地庆祝，毕竟魏晋时期，能遇到一个跟百姓一条心的汉人精神领袖实在是不容易。

冉闵不负众望，刚刚当上皇帝，就开始号召人民，有空的时候要多读书，学习孔孟的著作，还经常赈济灾民。至于他自己也是投身战场，带领大军四处征伐，誓要将杀胡令执行到底，为汉人的将来杀出一条血路。将士们见当领导的都这么给力，也纷纷斗志昂扬地奋勇杀敌。

庙堂真相

一百勇士助冉魏

冉闵的第五道杀胡令是发给东晋的，希望东晋派兵北上"共讨之"。东晋朝廷因为冉闵已称帝，没有回应，但在冉闵被擒杀，前燕大军进攻魏都邺城时，来了一百多东晋壮士，进入邺城帮助魏大将军蒋斡守城，最后全部壮烈牺牲。

百姓们本就心怀着丧失亲人的仇恨，现在更是不甘落后，同样加入到战斗中来。据后来的史书上说，从冉闵登基建立冉魏开始，这个国家没有一天不在打仗，无论是战士还是普通百姓，人人都手持利器，跟胡人对抗，全民皆兵，不知疲倦。

曾经在华夏大地上蛮横无比的胡人，在屠城无数、杀人如麻之后，终于迎来了他们罪有应得的时刻。他们当中无论男女老少，在这场民族的大争斗中，都尝到了死亡带来的真正恐惧。据说，很多胡人因为敌不过汉人的反击，纷纷远走塞外。一路上，这帮家伙依然不忘彼此争斗，等逃到塞外时，已经死伤大半，只有少数人苟活下来。

石家的余孽们可吓坏了，暗自奇怪："还以为这帮家伙好欺负呢。以前石虎老大在的时候，明明都是些任由宰杀的无知民众。现在倒好，风水轮流转，轮到咱们朝不保夕了。"石虎的五个儿子无处逃生，最后都被冉闵捉住，将其灭族。

冉闵和他的汉家军在战场上杀得痛快，仗也越打越顺，很有点汉武帝时期汉家铁骑的味道。不过，胡人们可看不下去了，尤其是鲜卑这边。毕竟这些年下来，鲜卑人可没在中原白待，人是

社会风情

黄瓜名字的由来

黄瓜原叫胡瓜。石勒是羯族人，禁止别人说话带"胡"字。一天，石勒召见地方官员，一个叫樊坦的官员穿着打了补丁的破衣服来见他，他很不满意。吃饭时，石勒故意难他，指着一盘胡瓜问道："你知道这叫什么吗？"樊坦看出了石勒的用意，答道："紫案佳肴，银杯绿茶，金樽甘露，玉盘黄瓜。"从此，"黄瓜"代替"胡瓜"的事儿流传开来。

杀了不少，就连“唇亡齿寒”这个道理也懂了。他们眼见后赵的政权瞬间倒塌，为求自保，便展开了和冉魏之间的争斗。

公元352年，冉闵的大军在一次抢劫粮食的过程中，和鲜卑大军发生了冲突。没办法，冉魏这边从建国开始，人人都忙着打仗，实在没啥时间种地。时间一长，将士和百姓们的口粮明显供应不足。而这一次，鲜卑的大军更是大举来犯，汉军们心有余而力不足，只能消极防守。时间一长，百姓们连吃的都没有了，人吃人的情况也时有发生。

冉闵无奈之下，只好给手下们作出指示：“无论如何，先保住百姓的性命才是要紧的。现在情况危急，就先把军粮分给百姓吧，咱们当兵的有刀有剑，还怕抢不来粮食吗？”

冉闵说得豪迈，将士们也齐声应是。接着，他便亲自带领一万兵马去跟胡人抢粮食。然而，众人没想到的是，等待他们的是十四万鲜卑精兵。一万对十四万，冉闵表示很有压力。没办法，他虽然精通用兵之道，但到底不是神；而冉魏的将士在长期的作战中，士气虽然不弱，但战斗力早就大不如前。反观鲜卑那边，士兵们生猛无比，在看见汉军后，更是叫嚣着要为族人报仇。

野史秘闻

石虎治贪

后赵皇帝石虎生活荒淫，施政残暴，唯一值得称道的是惩治贪腐的力度颇大。石鉴镇守关中，百姓怨声载道。石虎闻知后，将其调离，换人镇守长安，吏治好转，贪官污吏横行霸道的局面得到改变。石虎也不禁很有感触，说道：“我听说好的臣子要像猛兽，走在大街上豺狼都要避开，现在我信了。”

冉闵沉着应对，带着将士们奋力突围。鲜卑人多势众，冉魏军抵挡一时还有可能，但在奋力突围中，将士们终于支撑不住，纷纷倒下。冉闵杀红了眼，三百多个鲜卑士兵死在他的刀下。眼看他就要突围成功了，身下的坐骑却因疲劳过度而死，他逃无可逃，当场被抓。

冉闵兵败被捉的消息很快传开了，鲜卑人的老大慕容儁很得意。他在见到冉闵后，很不屑地嗤笑对方："说穿了你以前也就是个给人打工的，有啥资格当老大？"

冉闵哈哈一笑，朗声说："天下大乱，连你们这些茹毛饮血的野蛮人都能抢地盘，我一个汉人英雄，怎么当不得老大？！"

慕容儁气得吹胡子瞪眼睛，当下就大声叫嚷："管你是不是老大，现在你落到我手里，我就让你生不如死！来人啊，把他拉出去狠狠打上三百鞭，斩首示众！"

冉闵被斩于遏陉山。他死之后，遏陉山附近七里的草木全都枯亡，当地发生了蝗灾。从五月到十二月，那里滴水未降。慕容儁吓坏了，毕竟这事比窦娥冤还来得蹊跷，怀疑自己此举真的触怒了老天爷。他急急忙忙地让人前往当地祭祀，还追封冉闵为"武

社会风情

"金谷二十四友"

石崇是历史上最有名的炫富人士，但别以为石崇只会抢劫、享乐，他还是当时的文学团体——"二十四友"的其中一位。"二十四友"是西晋初年的一个文学政治团体，依附于鲁国公贾谧，其中比较出名的成员有"古今第一美男"潘安，"闻鸡起舞""枕戈待旦"的刘琨，"洛阳纸贵""左思风力"的左思，"潘江陆海""东南之宝"的陆机、陆云二兄弟。他们经常在石崇的金谷园活动，所以又称"金谷二十四友"。

悼天王”。之后，天降大雪。

冉闵死了，冉魏也随之灭亡，很多官员难忍悲痛，纷纷自杀殉国，追随他们的皇帝而去。从建国到国破，冉魏仅仅存在了三年时间，但却扭转了当时汉族的危亡局面，胡人竞相出逃，再难成气候了。

向历史借智慧

没有常胜将军

再勇敢再足智多谋的人也有失败的时候，所以，有人愿意做失败将军，从失败中吸取教训，才能最终立于不败之地。冉闵的勇敢让人敬佩，但缺乏足够的谋略，最终命丧敌手，千载之下，读之让人掩卷深思。保盈持泰是老祖宗的教导，只有多谋深思，才能走得更远。

桓温出兵

古时候的很多领导找人才，都有一个通病，就是喜欢找隐士。越是隐居山野的读书人，越能得到他们的青睐。这不，会稽王司马昱在招揽人才的时候，把隐居十年之久的殷浩请出山，在朝廷里担任武将，开始跟昔日好友——桓温抗衡。

殷浩上台，心里最不平衡的要属桓温了。他清楚，对方的出山，其目的就是要遏制自己的权势。私底下，他可没少唉声叹气，心说咱从鸡窝里飞出来，好容易当上了凤凰男，怎么还要三天两头遭人白眼呢？

回顾桓温的人生路，的确会发现，他远远没有殷浩一路走来的轻松惬意。桓温的老爸桓彝虽然当过官，但比起东晋时期的王、谢这些大家族，说桓温出生在鸡窝里可是一点儿都不夸张。桓彝一心为东晋效命，但最终却被官员江播陷害致死。桓温知道事情真相后，恨得咬牙切齿，当即立誓："有生之年，一定要为老爸报仇，否则也没有脸活在世上了。"

庙堂真相

东晋伐蜀

公元 345 年，十一月，桓温给朝廷上了一道奏折，没等回复就发兵攻蜀，朝廷毫无办法，只得同意。大家都以为桓温伐蜀难以取胜。刘惔却说："我和桓温经常在一起赌博，桓温不赢绝对不会出手。这次，我看他也是算准了才出的兵。但是灭蜀之后，朝廷恐怕都得听他的了。"

下定决心复仇的桓温，为了提醒自己时刻不忘复仇，天天晚上都枕着兵器睡觉，没人的时候更是哭得擦鼻子抹眼泪。三年之后，他自觉已经准备妥当，便要去为老爸报仇。谁知，人算不如天算，仇人江播竟然在这时骤然病逝了。

桓温气急败坏，说："杀不成江播，老爸在九泉之下怎么能甘心呢？哼，大不了父债子偿！"于是，他穿上一身白衣，在袖子里藏了一把刀，便去参加江播的葬礼。

当时，江家的人虽然也有防备，但都忙着在人前表现，一个个都哭得天昏地暗，桓温便趁机混了进去。他一见到江播的大儿子江彪，便迅速从衣袖中抽出刀来，几个跨步上前，将对方捅死在地。在场的人都吓坏了，惊慌失措地想逃跑。

桓温便朗声说："我今天来是为报杀父之仇的，你们不用担心，除了江播的几个儿子，其余无辜人员，我桓温绝不动你们分毫！"说着，他又提刀猛追，当场结果了江播另外两个儿子的性命，给老爸报了仇。

桓温为父报仇的事很快就传遍了京城。有的官员便向皇帝推举他："桓温这人很有血性，而且勇气可嘉，皇上您如果把他揽

野史秘闻

桓温仰慕刘琨

桓温特别仰慕名士刘琨，但刘琨去世得早，桓温常以没见过刘琨为憾，处处模仿刘琨。有个曾在刘琨府上待过的老妇人，一见桓温，激动不已，直说他很像刘琨。桓温很得意，特意把老妇人请回家，认真打扮一下后，再让老妇人来看。老妇人犹豫了半天，评价说："面甚似，恨薄；眼甚似，恨小；须甚似，恨赤；形甚似，恨短；声甚似，恨雌。"听得桓温很是失落。

入自己门下的话，将来肯定可以用得上。”皇帝心动了，便让他入赘皇家，娶南康公主为妻，当上了名副其实的皇亲国戚。从这之后，桓温的官路便越走越顺，权力也越来越大。

公元349年，野兽皇帝石虎突然逝世，后赵内部乱成了一锅粥。桓温很高兴，仰天大笑：“北伐的大好时机总算让咱给等到了啊，哈哈哈。这次我一定要灭了赵国，扬名天下，给祖国争光！”

他满腔热血，急急忙忙地向朝廷递交出兵报告。毕竟打仗这事，现在的东晋除了他自己还有谁能胜任？况且此时后赵内部空虚，最佳战机已经来临。只要不是傻子，肯定是不会放过这个机会的。

可惜，桓温白兴奋了一场。接到他出兵报告的人，是司马昱和殷浩等人，这些家伙正天天算计着怎么能跟他平分秋色呢。如果这时候让他出兵，不就等于助长了他的气焰？司马昱表示：“傻子才会同意桓温出门打仗！”

于是，众人对桓温接二连三的出兵请求选择无视。桓温急得跳脚，大声嚷嚷：“机会稍纵即逝，如果再不出兵的话，今后恐怕就没这么好命啦。”他这边着急上火，而殷浩却事不关己，一门心思给自己找帮手，还提拔了一帮人才，其中就有后来的大书

名臣风骨

小大人司马衍

成帝司马衍自幼聪明伶俐，很有小大人的样子。南顿王司马宗被杀，属下都瞒着他。等苏峻之乱平定后，他问庾亮：“往日那个白头发老公公哪儿去了？”庾亮说因为谋反已被诛杀。司马衍很伤心，哭着说：“舅舅说谁是贼，就把谁杀了，要是有人说你是贼，让我怎么办呢？”吓得庾亮脸色顿时变了。

法家王羲之。

王羲之曾经劝殷浩，说："大家都是在朝廷里当官的，低头不见抬头见，要我说，还是以和为贵的好。您就别算计桓温了，大家齐心协力把国家治理好才是正途。"

殷浩很无奈，表示："你以为咱就喜欢天天把朋友当仇人吗？实在是领导要求我必须站在对立面啊。在官场上混，难道敢不听领导的话吗？"

桓温见自己的爱国抱负总是得不到实现，火大了，心说：老虎不发威，你们还真当我是病猫吗？对付别人他不敢说大话，但就殷浩这样的货色，怎会搞不定？他们虽然从小就认识，但殷浩一直充当跟屁虫这个角色，桓温深知对方没啥实力。可现在风水轮流转，在官场奔波多年桓温他累死累活，才有今大这个局面，而一个天天跟死人对话的人，居然也能混得人模狗样。这事要换了谁，心里都会不平衡。

时间不等人，他二话不说，带着五万精兵直逼建康城，威胁说："你们要再不同意我出兵打赵国，我就把大部队开到自家后院，大不了大家一块儿鱼死网破！"

社会风情

玄学和玄谈

玄学就是用道家理论来解释儒学，玄谈就是士人之间以玄学为谈论主题，谈这之外的，他就会觉得你俗。如有一次，谢安、支道林等人聚会，大家就以《庄子·渔父》立论，开始玄谈。支道林先作了七百字发言，其他人都称赞一番，接着各自发言几百字。谢安最后总结，达万字。玄学家们喜欢谈天说地，不喜欢写下来，所以留下著作的很少。

殷浩吓坏了，他只是想出来当个官，压根儿没想过要把性命也赔上啊。他赶紧给司马昱写辞职信，说："您看，桓温那家伙都带兵找上门来了，明显是针对我嘛。老大，看在咱俩的这点儿交情上，要不您先让我去别处避避风头？"

官员王彪之见势不对，便站出来跟司马昱说："这种危急时刻，殷浩却只顾自保，简直太自私了，老大，您千万不能让他辞职，以后没准儿还有能用到他的地方呢。"司马昱连声说对。

接着，王彪之又跑去跟殷浩说："你跟桓温的梁子早就结下了，你以为只要逃跑就能解决问题吗？现在你好歹还在朝廷里当官，他不敢妄动。哼，如果你不干这份工作了，到时候看谁还能救你？"殷浩想想也对，便听从对方的建议，请领导司马昱写了封求和信给桓温。

桓温收到信后，心说现在自己的实力的确不够，就算带着这五万精兵，形势对自己也不是那么有利，毕竟自己在朝廷里的根基还不够深，如果真要冲入建康城逼宫的话，天下人不仅不会懂得自己的拳拳爱国心，多半还会说自己图谋造反。桓温不是傻子，他虽然丝毫不惧殷浩和司马昱这些人，但为了自己的前途，不得

野史秘闻

殷浩不出，奈天下苍生何

殷浩名声很大，人们都希望他出来主持朝政，并称如果殷浩不出来做官，天下苍生将不知道怎么办。后来权臣桓温举荐殷浩出来做官。殷浩大喜，给桓温写信，生怕写了错字，信纸装好后又抽出来检查，如是者三，结果忘了把信纸装回信封，将一封空信就寄出去了。桓温接到空信大为光火，于是，殷浩的公务员梦也泡汤了。

不撤兵离开。

司马昱见人一走，便按捺不住了。其实，他也不愿意放过这次北伐的机会，只不过先前不愿意被桓温夺得先机。现在好了，对方走了，他就对殷浩说："轮到咱们上场的机会实在不多，这次就你上吧，可得把这一仗打得漂亮点。"

于是，一辈子没见过打仗的殷浩，被惶惶然地推上战场——东晋的北伐就此开始了。

向历史借智慧

纸上谈兵

战国时候，名将赵奢的儿子赵括，跟人说起打仗来口若悬河、头头是道。可惜，后来派他出门跟秦国打仗，赵军却是有去无回，四十万兵马都葬身战场。赵括的空谈理论可以说是"流传千古"，而殷浩显然也跟他是同一货色。这人说起话来有理有据，但真做起实事来，却是一塌糊涂。由此可见，我们平时做事，照本宣科是错的，与其一味相信他人的见解，倒不如自己多动脑子。实践出真知才是真理。

“鬼见愁”苻生

公元355年，秦王苻健病逝，他的三儿子苻生继承皇位，当上了前秦的老大。说起苻生，这可算是魏晋时期的传奇人物了。他小的时候，祖父苻洪说：“听说瞎子只有一只眼能流泪，不知道这件事到底是不是真的？”旁边的下人听见了，赶紧附和，说确实是如此。

站在旁边的苻生从小就瞎了一只眼，听见祖父这样说，当即很不给面子地拔出一把刀，二话不说地就往自己的瞎眼上狠力一刺，顿时血流如注。在场的众人都吓坏了，他却面不改色地跟苻洪说：“你能说这不是泪吗？”苻洪大惊失色，气得直接抽出鞭子来，往苻生身上招呼过去。

等到苻生长大，当上秦王，就把拿刀捅自己的癖好改成了捅别人。他天生勇猛过人，武器从不离身。

一次，他请朝中的百官喝酒。酒席上，他跟大家说：“今天喝酒，大家都要敞开了肚皮，喝个尽兴。”

庙堂真相

“三羊五眼”

前秦的奠基者苻洪原姓蒲，因看到谶书说“草付应王”，就改为了苻姓。儿子苻健称帝后，又因谶文有“三羊五眼”的字句，就封只有一只眼的第三子苻生为太子。苻生生性暴虐，但武艺却是超群，他力举千钧，手格猛兽，奔跑快过马。

有个叫辛牢的官员听后，有些不认同。本来嘛，群臣之间聚会，只是图个交流感情，人人都喝醉了，那还有精英阶层的样子吗？于是，辛牢在跟人劝酒的时候，明显不热络。苻生看见后，把脸一沉，当即指着他大骂："我的话你听不懂吗？今天就是要让大家敞开肚子喝的，你居然还瞻前顾后，太不把我放在眼里了！"说完，他就随手拿起弓，一箭射出去，辛牢还来不及惨叫一声，就被射中脖子，倒地不起了。

官员们在一旁见了，吓得冷汗直流。有几个大胆的抬眼看看苻生，只见他一副横眉竖目的煞神模样。于是，官员们赶紧低下头，举起酒杯，跟身边的人狂饮起来。苻生看群臣终于放开了手脚大吃大喝，才满意地继续喝酒作乐。一场酒宴下来，群臣都喝得七荤八素，有直接晕倒在地的，有吐得全身脏污的，苻生坐在王位上，乐得哈哈大笑，这才准许众人回家。

苻生在宫里待烦了，就决定出外巡游。路上，他遇见一对男女说说笑笑地从身边经过。苻生便让手下叫住这两人，问："我看你们两个感情挺好的，是不是夫妻啊？"

那对男女便笑着摇头，说："我们是兄妹，并不是夫妻，只

野史秘闻

氐人

氐人在周秦时分布在今甘肃、陕西、四川三省相邻的地带。部落支系繁多，有青氐、白氐、蚺氐和巴氐、白马氐、阴平氐等。两晋、十六国时，氐人建立了"仇池""前秦""后凉"政权。魏晋以后氐人在与汉族的频繁接触中，最终融于汉族。

是从小玩到大，感情好罢了。”

苻生哈哈一笑，说：“我才懒得管你们是不是兄妹呢，反正我看你俩挺配的，就赐婚让你们在这儿成亲了。”说着，还要求兄妹两个必须就地入洞房。

这对男女连忙跪下求饶，说：“大王，您怎么能乱点鸳鸯谱呢？这种乱伦的事情，咱们实在是做不出来啊。”

苻生嘿嘿一笑，拔出剑，阴森森地开口：“那你们就下黄泉去做对鬼夫妻吧。”话音刚落，就提剑将兄妹二人砍死，之后便头也不回地离开了。

苻生不仅喜欢滥杀无辜，还是出了名的荒淫下流。他在宫里宅着没事做的时候，就把宫女和官员们找来，命令他们当众交欢。至于他自己，则坐在旁边一边喝酒一边欣赏。而一旦有不愿意听从命令的人，他就立刻杀了对方。

别看苻生喜欢滥杀无辜，他偶尔还是会反省一下的。公元355年，苻生当上了前秦的皇帝。有一次，他临时起意，就问身边的侍从：“我当皇帝有些时候了，民间的老百姓应该都会有所评价吧，你们知道他们是怎么说的吗？”

庙堂真相

迷恋修道的司马丕

哀帝司马丕是东晋第六任皇帝。当时，桓温掌握了朝政，哀帝形同傀儡，无聊之下就迷上了长生术，按照道士传授的长生法，辟谷、服丹药，结果是药性大发而不能听政。公元365年，哀帝因药物中毒而死。

手下们一听，都暗自说就你这样的昏暴之君，百姓们还能怎么评价？不过，谁都不敢说实话，反而赔着笑脸回答：“皇上，百姓们都夸您是世间少有的贤君圣主呢。”

苻生听完，立刻把脸一沉，指着对方怒骂：“我还不清楚自己是怎样的人吗？哼，竟敢在我面前玩阿谀奉承这一套，来人啊，拖出去杀了！”

第二天，他又问了同样的问题。手下们吓得直冒冷汗，小心翼翼地回答：“皇上，您其实挺不错的，就是有点太滥用死刑了。”话音刚落，苻生又不满意了，拍着桌子叫嚷起来：“我这么贤明的人，你居然说我滥用死刑，分明就是诽谤！”于是一声令下，几个官员立时毙命。

杀的人多了，苻生还是担心百姓们会对自己有怨言。于是，一纸闻名天下的诏书横空出世，作者自然是苻生自己。他在诏书中指出：“你们不要一天到晚就会对我提意见，要知道朕是天命所归的皇帝，皇位也是正大光明地从老爸那儿继承过来的。我从当上皇帝那天起，就决心要当个爱民如子的好领导。可是，现在却有人诽谤我滥用私刑，这简直就是天大的冤枉啊。我上任以来，

庙堂真相

前燕继承制

前燕政权产生前，首领遵照唯才是举的原则产生，因而窝里斗得厉害。随着集权国家的诞生，受汉文化影响，开始实行嫡长子继承制。在这个转变过程中，前燕采取了系列措施，如使太子处理尚书台事务、加强东宫兵力乃至遣太子领军征讨等。但代价也很大，使得慕容氏家族内部发生了一幕幕悲剧。

杀的都是些不忠不义的人，而且人数也不足一千，怎么能说我滥杀无辜呢？况且现在国家依旧很繁华，街市上人来人往，哪里有一点动乱的迹象？大家尽管放心，我会一直坚持我当皇帝的准则，担负起治理国家的重任，让你们都过上好日子。”

苻生在诏书中说得漂亮，但放到现实中来，依然是那个昏庸残暴的君主。他当了两年的皇帝，引得民怨无数。而苻坚就在这时趁机发动兵变，将其击杀。

向历史借智慧

群众的眼睛是雪亮的

俗话说得好："人做事，天在看。"苻生做尽坏事，居然还妄想用一纸诏书去挽回百姓心中的形象，简直就是痴人说梦。每个旁观者的心中都有一杆秤，你的所作所为是对是错，大家心中都有评判。因此，我们在为人处事的时候，就应该谨守道德规范，持之以恒，赢得别人的尊重和喜爱。尊重别人同时也是尊重自己。

王猛灭前燕

以前，桓温在关中的时候，很想把王猛网罗到自己门下，但王猛却婉言谢绝了。不过等到前秦皇帝苻坚出现，王猛的表现就大不一样了。这两人从一见面就有相见恨晚的感觉，堪比当年的刘备和诸葛亮。王猛欣喜地接受了苻坚的邀请，到前秦当官。

王猛虽然是个人才，但到了改善国家内政的时候，还是免不了得罪了不少官员。每当这时候，苻坚就是他的有力后盾。一次，他在京城附近当县官，因为当地有很多土豪劣绅横行，老百姓的日子都很难过。王猛一上任，就抓了当地一个无恶不作的官员，将其当众鞭打至死。

谁知，这官员是个关系户，他人一死，很多官员都闹嚷着，要王猛下台，甚至将其押送回京城。苻坚见到王猛后，便问他："你刚刚上任就杀了人，这以后还怎么治理啊？"

王猛神色泰然，回答说："国家如果安定的话，就应该用道德和礼义去治理；如果动乱的话，就应该依法办事。现在，我所

庙堂真相

苻坚除暴

苻生的暴政搞得朝廷人人自危，都希望苻坚取而代之。苻生听到了一些风声，一晚对一个侍女说："苻法和苻坚兄弟都不可信赖，明天就把他们除掉。"侍女等苻生熟睡后，秘密报告了苻坚。苻坚兄弟立即采取行动，冲进苻生的王宫，把睡梦中的苻生拉到另外一个房间杀掉了。在朝臣的一致拥戴下，苻坚继位。

在的地方不法分子横行，难道不应该惩奸除恶吗？现在我不过是杀了一个无恶不作的人，还有很多违法人士都没有抓起来。皇上，只有依法处决了奸恶之徒，百姓们才会安下心来生产，国家才能安定昌盛啊。”

苻坚听得连连点头，当众夸奖他：“你说得对，现在国家百废待兴，依法办事是正确的。我果然没有看错人，你的才识堪比过去的管仲了。”听了这话，满朝官员都嫉妒得牙痒痒，按说本来还想在新老大面前挣挣表现呢，结果不等行动，就被姓王的抢先了。后来，王猛凭借着自己的本事得到了苻坚的重用，连升五级，当上了宰相。公元369年，慕容垂前来投靠苻坚，王猛就跟苻坚说：“慕容垂的确是个人才，但他就是因为太有本事了，一般人都驾驭不了。老大，为了前秦的将来，我觉得尽早把他解决了才是最好的办法。”

苻坚当场就拒绝了，还表示：“咱们国家现在急需人才，况且我都许诺今后要让他荣归故里了，怎么能出尔反尔，甚至将其杀害呢？不行，这样做太不厚道了。”于是，他不仅封了慕容垂做将军，还真的打起了攻打前燕的主意。

野史秘闻

王猛的民族融合政策

王猛废除了前秦胡汉分治的政策，确立了“黎元（百姓）应抚，夷狄应和”的国策。有人别有用心地建议苻坚把西北氐族各部都迁入京城，而将关中各族大户驱逐到边地，王猛劝苻坚将其人处死。经过王猛的治理，边境的匈奴、鲜卑、乌桓、羌、羯各族都来归顺。

苻坚接手前的前秦的确是不成气候，不过经过几年的治理，国家已经开始变得安定昌盛起来，要出门打几场仗是不成问题的。公元370年，他命令王猛担任统帅，开始正式进攻前燕。

临行前，君臣两个人还专门参加了饯行会。苻坚对王猛说："我这次让你当统帅，你尽管放开胆子去打。放心吧，所有后勤工作都由我亲自操办，如果有需要的话我会亲自上战场助你一臂之力的。"

王猛回答得很是豪迈："凭咱们现在的实力，这次要灭燕国绝对不是什么大问题。老大您就好好在家等消息吧，打仗这种体力活就不劳您动手了。"旁人如果说出这番话，倒是有吹牛的嫌疑。不过，做承诺的是王猛，那就证明前燕的灭亡只是早晚的事了。

却说前秦这边为了战前工作忙得如火如荼，前燕的领导们也不得不重视起来。老大慕容暐就问了："秦国现在的实力到底怎么样，咱们能不能搞定啊？"

下面一帮官员连忙安抚他："放心吧，咱们国家的实力强着呢，哪儿是秦国那个小国家比得上的？再说了，王猛这家伙也就是有说大话的本事，咱们的太傅大人慕容评，分分钟就能把他拿下。"

庙堂真相

傀儡司马昱

司马昱临死时，连发四道诏书，请桓温入京辅政，桓温不理睬。司马昱只好写下遗诏，授权桓温：如果太子不值得辅助，可以取而代之。王坦之看了诏书，当着司马昱的面将诏书撕成碎片，说："天下是宣帝（司马懿）、元帝（司马睿）的天下，陛下怎能私自授予他人！"司马昱只好又把诏书改成："太子要像刘禅对待诸葛亮一样敬重桓温。"

事实证明，被解决的不是王猛，而是整个大燕。

作为前燕统帅的慕容评在这次战争中很忙。他刚到前线，就马不停蹄地让人封锁了所有的山路跟河道，美其名曰“要为战事做后勤准备”。于是，当地的百姓但凡要用水或者砍柴的，都得交钱。百姓们很郁闷，但慕容评却乐得合不拢嘴，天天数钱数到手软，直说搞后勤很有前途。

王猛听说这事后，当场哈哈大笑，说：“都要打仗了还忙着赚老百姓的钱，慕容评这人不做生意真是太浪费了。”

其实，慕容评的做法也不是没有道理，他想仰仗着后方丰富的存粮，跟外出打仗的前秦来个实力大比拼，只守不攻，搞持久战。可惜，王猛不吃他这一套。没几天，他就命一队骑兵趁着天黑去偷袭燕军的后方，一把大火把对方辛辛苦苦囤积的粮食给烧没了。

军粮被毁，燕军顿时乱了阵脚，慕容评也淡定不了了。他咬咬牙，不得不下定决心：快刀斩乱麻，看来这场仗是不得不打的了。于是，两国正式在潞川展开决战。

王猛为了鼓舞军队的士气，在开战前，特地把将士们召集在一起，说：“今天这一战，我们一定要抱着必胜的决心去打！古

社会风情

侨寄法

东晋朝廷为保护北方士族的利益，在南方士族势力较弱的扬州等地划出地方，设立侨州、侨郡、侨县来安置他们。这些侨寄地区不列入当地行政系统，使得东晋初行政系统很紊乱。成帝时便采取土断方式将侨寄地区划入地方行政区划，将北方士族编入户籍。这个政策不断遭到士族世家的反对，时断时续的实行待续了很长时间，到刘裕时才被全面执行。

时候，项羽正因为有破釜沉舟的勇气才扭转战局，今天咱们也不能落后，定要一鼓作气，拿下燕军。”说完，就让众将士把锅碗瓢盆砸毁，顺便连干粮也一块儿扔了。

有人看不下去了，就劝他：“将军啊，咱出门打一次仗不容易，如果现在把粮食扔了，打输了都没东西填肚子怎么办？”

王猛朗声说：“这一招叫置之死地而后生，吃的都没有了，丝毫退路都不留下，大家才会拼尽全力杀出一条血路来。”

果然，等到双方一开打，前秦虽然比不上燕军的人多势众，但将士们士气高昂，杀敌勇猛，直吓得燕军节节后退。本来燕军中有很多人早就对国家和领导心生怨恨了，上战场都是心不甘情不愿的，现在见秦军勇猛，更加恨不得立刻丢盔弃甲，逃回老家。

慕容评眼睁睁地看着三十万大军四处溃散，想要重整旗鼓也无能为力。无奈之下，他只好自己单枪匹马地逃回首都邺城。紧跟其后的，是浩浩荡荡而来的前秦大军。王猛一路上都严令将士谨守军纪，对百姓秋毫无犯，瞬间给前秦挣得不少人气。

公元 370 年，前秦大军一路穷追猛打，终于抓住了仓皇逃窜的燕主慕容暐，而曾经风光一时的大燕国也就此灭亡。

向历史借智慧

处理事情应分清轻重缓急

慕容评做战前准备一事，可谓是笑料百出。敌人都打到自家门前了，他还在挖空心思发国难财。这样看来，大燕的灭亡是在情理之中了。

我们在为人处世时，虽然免不了有糊涂的时候，但任何情况下，都不应该忘记区分事情的轻重缓急。只有分清主次，才能在处事的时候有条不紊，给他人留下好印象，也有利于逐步提高自己的能力。

“淡定帝”谢安

苻坚自从拿下前燕这块地后，仗是越打越顺，没多久便基本统一了北方。接下来，他就瞄上了偏安南方的东晋。为了统一南北，他特地召来官员们，商量攻打东晋的事。

出乎意料的是，这个议题刚出来，就遭到了官员们的一致反对，就连王猛也加入反对阵营。苻坚很郁闷：难道咱的手下也跟东晋那边一样，想混吃混喝了？他在朝中大声呼吁：“你们不要忘了，咱们现在可是拥有百万大军的国家啊。他晋国在咱眼前，根本就不值一提。北方这么多难缠的少数民族都被咱搞定了，难道大伙儿到头来还怕几个汉人吗？”

官员们听后，依然表示反对，有的还说：“您别看人家晋国偏安南方，可是当地人民生活好着呢，政府的人气指数也高，我们要是打过去了，肯定会遭到全民排斥的。”早就打定主意要打东晋的苻坚可听不进去，固执地认定官员们是因为贪生怕死才反对他的。

庙堂真相

王羲之劝谢安

谢安和王羲之关系很好，侄女谢道韫的丈夫就是王羲之的次子王凝之。一次，两人登楼远望，谢安看风景很好，有隐居的念头。王羲之说道：“现在国家还没安定，怎么能只顾自己去过世外桃源的生活呢？”谢安不服，抬杠说：“桀纣亡国，难道是因为隐居吗？”但在国家危急关头，谢安还是出来做官了。

这时候，外来户慕容垂和羌族首领姚苌却出来力挺他，表示："老大，打仗这种事您最在行了，别人的意见听听就行，关键还是要您自己拿主意。"总算听到支持声的苻坚顿时来了劲，立刻开始筹备攻打东晋事宜。

这边东晋也听说了要交战的事情，上上下下的官员们恨不得抱在一起痛哭完后，就回家收拾行李逃命。只有淡定帝谢安很镇静，当众宣布："这仗是一定要打的！"众人见宰相都发话了，只好重新振作精神，也开始着手准备战争事宜。

比前秦这边好的是，虽然官员们对这场仗不太看好，但百姓们倒是积极配合，毕竟当官的能跑，寻常百姓可跑不了。只有团结起来共抗外敌，才能有一线生机。反观前秦，不仅官员们对于攻打东晋的事情不热衷，百姓们更提不起兴趣。自从苻坚上台以来，常常四处征战，想过安定日子的百姓们哪里经得住他折腾，现在听说当老大的准备去打东晋，将士们都萌生了退意。

公元383年，怀揣着必胜的信心，苻坚领着他的近百万大军直奔东晋而来。他看着浩浩荡荡的军队，不无自豪地说："我这次以百万大军出兵东晋，必胜无疑啊。别的不说，单单士兵们把

野史秘闻

北府兵

东晋后期的军队主力是北府兵。北府兵是指从京口招募的士兵。京口是从北方各地流亡来的士族和民众聚居的地方，还带有北方彪悍的风俗，敢于从军。谢玄在京口募兵，得勇士刘牢之等人，在淝水大败苻坚军。后刘牢之击孙恩，小军官刘裕立功崛起。

鞭子投进河里，河水都能够断流了，这样的实力，谁能胜过我？”

而东晋这边谢安则派出了弟弟谢石担任统帅，侄子谢玄做前锋，双方在淝水正式展开决战。当时，秦军紧挨着淝水西岸，晋军一时间不好过河。谢玄就跟苻坚的弟弟苻融说：“你们跑这么远来打仗，相信也想早点儿打完早点儿回家吧。这样好了，你让你的军队先后退一点儿，让我们晋军过了河，大家正式交个手怎么样？”

苻融觉得这个办法可行，就报告给苻坚，让他作定夺。苻坚点点头，开心地笑了：“汉人这帮傻子，竟然自己送上门来。哼，等他们过河过到一半的时候，我们就可以派骑兵冲上去，杀他们个片甲不留。”

将领们听了，都不赞同他的做法，担心晋军此举有诈。可惜，苻坚压根听不进去众人的劝说，认为这不过是不愿意攻打东晋的众人到了战场上随口发的牢骚而已。他力排众议，一声令下，就让将领们去指挥秦军后撤。那边谢玄见秦军一动，微微一笑，领着八千多骑兵就猛冲过去。

秦军看着对方突然杀气腾腾的架势，顿时傻了眼。就在这时，

社会风情

东床快婿

东晋宰相王导和太尉郗鉴两家都是当时的显赫家族，一天，郗鉴派人到王导家择求女婿。王导就让视察员到东厢查看对象。这人回报郗鉴说，王家子弟都不错，但一个个都很矜持，只有一人在东床露着肚皮大吃大喝。郗鉴说，就这位洒脱哥了，我喜欢，真是我的好女婿啊。于是将女儿嫁给他，此人就是王羲之，“东床快婿”的典故就出自这里。

秦军后方突然爆出阵阵喊声：“秦军败了，秦军败了，大家快逃啊！”于是，前边的忙着丢盔弃甲，后边也忙着抱头乱窜，刹那间秦军的阵势全乱了套。本来士兵们就不想打仗，看见眼前混乱的局势，什么都顾不上了，只管逃命。苻坚骑在马上，愤怒地大声嚷嚷：“这是晋军的鬼把戏，大家快冷静下来，不要轻信他们！”可惜，战场上马蹄声、喊杀声响成一片，谁都没工夫搭理他。

晋军抓住眼前的大好局面，乘胜追击，将士们纵马奔驰在战场上，杀得秦军毫无招架之力。苻坚见战局已经无法挽回，只好垂头丧气地领着残兵匆匆逃跑。然而，晋军依然不依不饶地围追堵截，搞得逃兵们惊惶不已。

吃了败仗的苻坚好容易才稳住心神，咬紧牙关继续逃命。一路上，众将士心中都是又惊又惧，大气都不敢出。等逃进山林中的时候，众人听到风吹树木的声音，都吓出了一身冷汗，以为是晋军又追杀来了。

统帅苻坚又颓丧又惊惶，他从没想到这场以多击少的战役竟会以自己的惨败而告终，百万大军转眼之间只剩下十来万。他的弟弟苻融死在了战场上，自己也身受重伤，狼狈不堪地逃回了老家。

名臣风骨

以小人之虑，度君子之心

司马越当权时，下属刘舆心胸狭猛，借司马越之手陷害了很多人。有个叫庾敳的，很有钱，但生性节俭，刘舆故意劝司马越向庾敳借钱，只要庾敳不肯借，就可以找他的麻烦。酒宴上，司马越果真开口向庾敳借钱，庾敳已喝得酩酊大醉，闻言仍满口答应：“下官家确实有两三千万，您随便拿去用吧。”这下，刘舆的陷害又落空了。有人把这件事的玄机告诉庾敳，庾敳说：“这就是以小人之虑，度君子之心吧！”

反观另一边，东晋打了场大胜仗，最先得到消息的谢安却异常淡定。当时的他正跟人下棋呢，看完战报以后，仍旧神色不变地跟人对弈。直到对方忍不住问他情况时，他才慢吞吞地回答："其实也没啥，不过就是那帮年轻人把秦军打败了。"对方一听，直接一掀棋盘，兴冲冲地出了门，跟众人报告好消息去了。

谢安倒是不急不缓地走回卧室，家里的下人见他这样，都不由地啧啧称赞："咱老爷果然撑得住大场面，打了胜仗都跟没事人似的。"谁知话一说完，就听见"啪嚓"一声响，原来是正在跨门槛的谢安弄断了鞋底的木齿。众人暗暗一笑，原来淡定帝也是装出来的啊。

淝水之战后，谢安名扬天下，备受推崇。至于从前风光无限的苻坚，却因此大受打击，渐渐消沉下去了。

向历史借智慧

永远都不要轻视对手

三国时候，曹操曾率领八十多万大军南下，扬言要消灭孙刘的五万联军。然而，他的愿望最终并没达成。前秦想灭东晋，也是兵力上占有绝对优势，却同样一败涂地。我们在面对竞争对手的时候，千万不要被对方眼下的颓势所蒙蔽，而应该时刻保持警惕，提防各种突发状况，才能在竞争中胜出。

苻坚大帝之死

前燕在前秦那里虽然是战败国，但作为获胜方的苻坚，在对待皇族的问题上却很宽容。当时，他俘虏了皇帝慕容暐，不但没有残杀凌辱对方，还天天好吃好喝地供着。而前来投靠他的慕容垂，他更是给予了高官厚禄，算得上是宠爱有加。

然而，自从淝水之战秦军失败后，一切就大不一样了。本来嘛，前秦统一北方的时间还不算长，各方面都不够稳固。现在打了败仗，苻坚手中能用的兵也没几个了。于是，不少外来户就开始不安分起来。其中，慕容垂看老大苻坚打了败仗，就趁机逃回前燕老巢，开始自立为王。而姚苌也带着一帮羌族，吵吵嚷嚷着要分家。霎时间，北方又陷入了四分五裂的局面。

这一次，苻坚可管不动了，他还没从大败的阴影中走出来呢，所以只好找人发泄发泄情绪。他找来慕容暐，大骂对方："你们慕容家明明是我的手下败将，但一直以来，我都对你们不薄。你自己摸摸良心，我哪天不是锦衣玉食地供养你们，可是到头来，

庙堂真相

姚苌见鬼

姚苌是后秦开创者。姚苌杀死苻坚，却也因苻坚而死。苻坚生前对姚苌非常好，封他为龙骧将军。姚苌杀了苻坚后，经常做噩梦，梦见苻坚带领鬼兵来收拾他。姚苌怕得在皇宫内乱跑，宫人在帮他刺鬼时，不小心刺中了他的要害。不久，姚苌不治而亡。

你们却忘恩负义，看我打了败仗，就趁机捣乱，良心何安啊？”

慕容暐很郁闷，慕容家族这么多人都在这场混乱中，跑出了苻坚的视线，逍遥自在去了，只有自己被留下来当出气筒。他苦着一张脸，一把眼泪一把鼻涕地说：“他们跑了是他们没良心，可我对您是一片忠心啊，您大人有大量，如果我有啥做得不对的地方，您千万别跟我计较。”

苻坚虽然怒不可遏，但看对方一副惨兮兮的样子，也就不好再说什么了。毕竟手中已经没有多少兵马的他现在是被困在长安城中，就算杀了慕容暐也不会有什么转机。况且，城外还有渐渐向他逼近的慕容暐的弟弟——慕容冲。

而身在长安城中的哥哥慕容暐虽然表面上装孙子，暗地里却也开始筹划起谋反的事情来了。当时，长安城里还有几千鲜卑人，闲不住的他就私下里联系众人，商量着等时机合适了，就一刀解决了苻坚。他这边勾画着事成之后的美丽蓝图，那边苻坚却听到了风声，当场就怒吼：“慕容家的人果然都没良心，杀了！把城里的鲜卑人统统杀了！”本来官员们都憋着一股气呢，现在当老大的终于下令，大家就忙不迭地把慕容暐等人抓起来，就地格杀。

野史秘闻

王猛遗言

王猛和苻坚名为君臣，情同兄弟。公元 375 年，王猛将死时，苻坚询问后事。王猛说：“晋朝为华夏正统，请陛下不要动灭亡它的心思。鲜卑慕容、羌族姚氏投降过来的贵族贼心不死，是我们的死敌，应采取措施逐渐铲除了他们。”这些事苻坚都没有照办，以致兵败亡国。

在城外的慕容冲听说老哥死了，族人也被杀，同样大发雷霆，嚷嚷着：“今天你敢杀我的族人，明天我进了长安城，就让你尸骨无存！”愤怒之下，他攻起城来越发猛烈，而长安城的局势也越来越危险了。

苻坚和一帮将士被困在城中，日夜坚守，粮食也越来越少。没多久，百姓中便出现了人吃人的现象。苻坚看城破之日近在眼前，早就心如死灰了，便召集群臣一块儿吃饭。席上，众人的眼中都含着泪，过往那些风光的岁月仿佛还近在眼前，但转眼之间，大家却朝不保夕。此情此景，别提有多凄凉了。

最终，不愿等死的苻坚匆忙逃出了长安城，一路往五将山（在今陕西岐山县）而去。进了长安城的慕容冲没见到苻坚的影子，便开始大肆屠杀。顷刻间，城中的百姓死伤无数，整个长安血气弥漫。

另一边，苻坚虽然逃出了长安城，却没有逃过姚苌的追杀。当他到达五将山时，姚苌的兵就包围了他，并去给老大报信。苻坚轻蔑地笑了笑，便席地坐下来，问：“咱这一路跑累了，你们还不好酒好菜地招呼上来？”敌军被他怡然自得的模样慑住，只

社会风情

谢灵运的遗嘱

东晋文人谢灵运，临斩时，不是舍不得自己的性命，也不是为没有写出更多诗文而遗憾，他真正觉得被糟蹋了的，是他的胡子。他唯一的遗言如下：“死就死了，本来也没什么好牵挂的，只是可惜了一把好胡子，要是能够割下来粘在摩诘佛像上就好了。”谢死后，果然有人塑了一尊摩诘佛像，将谢的胡子粘了上去。谢灵运由此也成为中国历史上第一位捐献遗体之人。

好端上酒菜，请他享用。

姚苌听说苻坚被抓，高兴得一蹦三尺高，连忙让人去找他要传国玉玺。苻坚嗤笑着说：“我能把传国玉玺留给他？哼，我早就把那玩意儿送给东晋那边了，他休想拿到手！”

姚苌见没有玉玺，只好退而求其次，又找人跟苻坚商量，说自己想过把皇帝瘾，让他把位子让出来。苻坚啐了一口，怒骂：“自古以来，皇帝传位不是传给自家人，就是传给真正有贤德的人。就姚苌那个忘恩负义的玩意儿，哪里配做皇帝！”

听到传话后的姚苌彻底怒了，气得跳脚：“他不传拉到，咱明天自己封一个！哼，现在在我的手里还敢这么猖狂，我马上就让你去见阎王！”于是他当即下令，让人去杀了苻坚。

就这样，曾经统一了北方、荣耀一时的苻坚在公元 385 年，被人勒死在新平寺中，走完了他四十八年的人生。前秦的盛世彻底远去，离灭亡之日也越来越近了。

向历史借智慧

做人不能心太软

淝水之战前的苻坚，可以说是战无不胜的。然而，这一切随着战争的失败都改变了，一个看似繁盛的国家，霎时间树倒猢狲散。这其中，最翻脸不认人的就要属慕容家了。可以说，苻坚的失败，让他们重新做起了当皇帝的春秋大梦。试想一下，如果苻坚当初狠下心，杀了慕容家的人，他的前秦还至于倒得这么快吗？做人不能心太软，当断不断，必受其乱。仁义固然重要，但妇人之仁就要另当别论了。

谋杀晋孝武帝

在东晋所有的皇帝中，孝武帝司马曜算是其中比较有作为的了。他所在的时代，国家得到了振兴，谢安等人才层出不穷，就连出门打个淝水之战也能名扬千古。可惜的是，他就算再牛，也逃不过命运的捉弄。

孝武帝名司马曜，字昌明，真正是人如其名。他的上台，为东晋末年带来了一线光明。不过，这个皇帝的出生却是很曲折的。他老爸简文帝司马昱虽然很好命地被桓温扶上台，当了皇帝，但是在生儿子这问题上着实花了不少心思。

司马昱在生儿子这件事上没交上好运。他把府中美女挨个儿睡遍后，那些美女的肚子没半点反应。他很是着急，骂自己不争气是不可能的，只是挨个数落完后宫的女人后，便开始求神问佛，找算命的商量这事。

算命的一听王爷有要求，立马郑重地帮他算了一卦，说："放心好了，您将来肯定能有个老婆给您生下两个儿子一个女儿的。"

庙堂真相

司马曜的女人缘

司马曜母亲奇丑，最宠幸的张贵人要了他的命，第一个皇后王氏还常常给他来点家庭暴力，真是苦命到了极点。王皇后出身王家，比司马曜大三岁。当初大家一致认为王家名声好，养出来的女儿也一定妇德好，谁知她不但悍妒，而且嗜酒，还喜欢借酒装疯，闹得司马曜的后宫鸡犬不宁。

安下心来的司马昱继续造人计划。可惜，在又一次睡遍府中的美女后，情况还是没有改变。他在冥思苦想三天后，终于下了决定："身为大王的，不能吊死在家里这一棵树上。为了梦中的儿子，一定要扩大交友面！"于是，他又找来一个算命的，让对方帮着找老婆。

司马昱把全城的适龄妇女都找来，但这个算命的对一帮美女直接无视，只指着队尾的一个黑皮肤女人说："就这个了，保准能生。"

司马昱看了一眼这女人，只见对方又黑又高，相貌也丑，立马起了一层鸡皮疙瘩，哆嗦着问："大师啊，您刚刚是不是看走眼了？"

算命的继续坚定不移地回答："我从来不会看错，就是这个昆仑奴。"

司马昱彻底腿软了，想自己这辈子看遍了无数美女，最后竟要栽在一个黑女人身上？不过，为了儿子，他只好咬牙忍了。而孝武帝司马曜的老妈，正是这个女人。

公元 372 年，司马昱去世，司马曜顺理成章地登上了皇位，

野史秘闻

士族族谱

士族的籍贯很重要，比如同是姓王，生于山东琅琊的王氏才是大士族。为了辨别这些，孝武帝时，朝廷派人搜集编定了《十八州士族谱》，共一百册，七百余卷。同时还兴起了族谱学，靠辨别士族真伪来为朝廷服务。因为只有族谱中的一百家人才能享受政治权利，比他们后到的北方士族，被这百家人称为"伧"，不得享受同等的权利。

当时的他年仅十一岁。别看人家年纪小，但上台没多久就和一帮贤才改革内政，振兴国家。可以说，后来的淝水之战的胜利就多亏了他推行的一系列新政，让国家有了战斗的资本。

都说人无完人，司马曜也一样。他虽然在治理国家上勉强过关，却有个毛病，就是嗜酒如命。当他酒瘾犯的时候，经常整晚整晚地不睡觉，只抱着酒壶，对月豪饮。有一次，他甚至狂妄地指着天空中闪耀着的太白金星，举起酒杯说："敬太白星一杯酒，就连你都有坠落的一天，更何况人间了。呵呵，这世界上怎么可能有万年的帝王呢？"尽管他在生死这样的事情上看得很透，不过恐怕怎么都想不到，自己会因为酒后失言而导致命丧黄泉。

事情是这样的。一天晚上，司马曜跟平常一样喝着小酒，抱着美人，瞎侃一番他的人生哲学和内心的远大志向。接着，他低头看看怀中的美人，在发现对方眼角的鱼尾纹后，故意叹了口气说："你年纪也不小了吧，没有以前好看不说，连个儿子都没生。哈哈，等我明天醒了就另外找个年轻漂亮的，让你提前享受'离休'待遇吧。"说完，还憧憬了一下抱着年轻美眉睡觉的美景，才倒头大睡。

社会风情

中国园林

中国园林特别是文人园林兴起，差不多就是从东晋开始的，如司马道子的老爸司马昱所建的华林园。一次司马昱对人说："有了园林，就没有必要跑到荒郊野外去欣赏风景了。你看，这山水，不像《庄子》中的濠梁、濮水吗？这鸟兽虫鱼，不像那濠梁中自得其乐的鱼儿吗？"在有限空间，欣赏无限美景，这是中国园林的特点。

他这边打呼噜打得欢，听话的美女却是气得浑身发抖。这美女姓张，已经跟在司马曜身边多年，眼看着已经奔三了。她看着自己越来越老，本来就够郁闷的了，现在见皇帝又在这上面做文章，当场就崩溃了。

张美女一咬牙，一横心，说："姐的青春全都耗费在你身上了，现在我一老，你就嚷着要换人。哼，天下没这么便宜的事！"说完，就赏赐御酒给司马曜身边的太监，把他们统统灌醉。接着，她让贴身的丫鬟找来几床厚被子，趁孝武帝睡着的时候将其活活捂死。

为了逃避罪责，她还拿出一堆珠宝首饰，贿赂司马曜身边的侍从，说："你们出去以后可别乱说话，记住了，皇上是因为做噩梦的时候，喘不过气来才憋死的。"侍从们接过钱，表示绝对不会乱说话。

就这样，年纪轻轻的司马曜稀里糊涂地死在了宫中，享年才三十五岁。而张美女虽然当了杀人凶手，却趁着宫里乱作一团的时候，收拾细软跑路了。司马曜死后，东晋的政权又陷入一片混乱之中，离灭亡也不远了。

向历史借智慧

任何爱好都要适可而止

司马曜恐怕到死都想不到，自己会因为酒而丢了性命。从古到今，有周幽王的因美色误国，也有孝武帝的因酒丧命，说到底，不过是因为他们太沉迷于一些人和事当中，导致无法自拔。有爱好是好的，但任何时候，我们都应该记住自己的本分。只有这样，才能在做事的时候适可而止。

桓玄造反

淝水之战后，北边的前秦陷入了烽烟四起的局面。至于战胜国东晋，也没好到哪儿去。公元 385 年，谢安一死，朝廷就彻底由司马道子把持。这家伙是个标准的酒囊饭袋，喝酒在行，一遇到正事就拿不出主意。时间长了，官员们都知道上司没能力，好忽悠，于是有了浑水摸鱼享受生活的人，更有了策划谋反趁机称霸的人。这当中就少不了一个叫桓玄的。

桓玄的老爸是以前东晋鼎鼎有名的桓温。桓温当了一辈子权臣，最想做的是皇帝，但到死都没能如愿。也正因此，桓温晚年的时候才发出“大丈夫生于世，不能流芳百世，也要遗臭万年”的感慨。桓玄也深受老爸的影响，一心要做“人上人”。

我们读史书都知道，只要是历史上大名鼎鼎的人物，出生的时候总免不了要发生一些稀奇古怪的事。显然，桓玄也是其中一员。根据他老妈的描述，她有天晚上做梦，梦见天上的流星落在了她家的铜盆里（这概率该是多么微乎其微啊），之后流星变成

庙堂真相

孙恩起义

隆安三年（公元 399 年）十月，发生了孙恩领导的浙东农民起义。起义军以“五斗米道”为旗号，把海岛当成宗教中的仙山，以之为进攻的基地和退缩的根据地。后来，起义失败，孙恩投海自杀。在他的部下看来，孙恩没有死，而是尸解成水仙，于是也纷纷跟着投水了。

了火珠。接着他老妈在喝水的时候，便就着水将火珠吞下肚。没多久，儿子桓玄出生了。

桓玄不但出生离奇，小的时候还很聪明。桓温死的时候，他不过六七岁。有一次，桓温的弟弟桓冲摸着他的头，指着眼前的文武百官，对他说："这些人以前可都是给你爸打工的官僚啊。"如果是平常的小孩儿听了，多半也是似懂非懂。可是桓玄听完后，却不由得泪流满面。在场的官员们见了，都称赞这小孩儿懂事。

桓玄长大后很有才华，并且仗着自己是名副其实的官二代，心想自己今后肯定能像老爸那样权倾朝野。可惜，朝廷上下对这个新人很不待见，还有不少人暗地里说他坏话："桓温以前就想谋反，估计他儿子也好不到哪儿去。"种种原因，使得他二十多岁了还是只能在政府里当个闲散官员。

桓玄过得很郁闷。相比而言，司马元显的生活就明显滋润多了。他一方面疯狂敛财，一方面仗着有老爸当后台，在朝廷里呼风唤雨，别提有多风光了。桓玄心里很不平衡，同样是官二代，差距咋就这么大呢？

公元 398 年，桓玄再也按捺不住了。当时，司马父子一心只

野史秘闻

妙画登仙

顾恺之是东晋的大画家，和桓温父子的关系都不错。一次，顾恺之要出远门，把自己的画作封存在一个柜子里，交给桓玄保管。桓玄鬼精鬼精，从后面把柜子打开，偷走了画作，把空柜子交给了回来的顾恺之，并说，你看，柜子好好的，我可没动。顾恺之打开柜子一看，一张画也没有了，惊叹道：想不到我的画妙灵变化，蜕化登仙而去了。

贪图享受，朝廷里掌权的都是一帮贪官污吏。有个叫王恭的官员就以讨伐奸臣为由，举起了起义的旗子。桓玄见了，赶紧蹦出来表示："我支持你！"随后，就和其他同僚一起推举王恭当起义的盟主，扬言要肃清朝廷的奸党。

司马道子慌了，喝了一辈子酒的他不愿面对现实，便赶紧把手中的权力交给儿子司马元显，并表示："国家的未来是掌握在你们年轻人手中的，你老爸我继续醉生梦死去了。"司马元显接下烂摊子，开始跟王恭、桓玄等人对抗。

不得不说的是，桓玄自从开始起兵，整个人生就开始转运了。打了胜仗不算，手中的兵马和权力也越来越大，而司马元显毕竟年轻，就算再有本事，时间长了也明显感觉到压力很大。

公元 402 年，桓玄的大军攻入首都建康，生擒了司马父子，扬眉吐气的他总算迎来了权倾朝野的这一天。从这时起，朝廷中的大小事全都由桓玄一个人说了算，皇帝成了名副其实的傀儡。

刚上任的桓玄还是很想做点儿正经事的，又是改革内政又是整顿朝纲，还起用了好些有真本事的人才。可是不过几天，他的三分钟热度就退去了，一心只想着享受生活。官员们见他不给力，

名臣风骨

奇才秃发傉檀

胡夏国赫连勃勃想吞并南凉，后秦姚兴也想，就派尚书郎韦宗去试一下南凉国主秃发傉檀有几斤几两。谁知秃发傉檀和韦宗纵论当世大局，听得韦宗不断赞叹，说道："不只是华夏有奇才啊，塞外也有。知识不尽在典籍，《五经》之外也有高论！"

也开始混日子，天天寻思怎么借用职权捞油水。于是，东晋朝廷在短暂的春天之后又乱成了一锅粥。

此时的桓玄可没心思再搞什么国家建设了，他在逍遥了一阵子后，开始筹划篡位夺权的事。本来嘛，他老爸在世的时候就想当皇帝了，可惜一直没敢行动。现在轮到做儿子的当权，要当皇帝还不得是分分钟就能搞定的事？

桓玄在翻遍篡位前辈们的履历表后，就开始行动了。他首先让朝廷加封自己为楚王，外加送封地，给他设立百官的权力。然后，他自己又写了一封请辞信，表示：“咱才疏学浅，实在配不上楚王这个封号啊。”接下来，他暗中威逼皇帝，要对方专门写封诏书，说是要请他接受封赐。就这样，桓玄当着天下人的面，扭扭捏捏地接受了楚王的封号。

桓玄玩自编自导的游戏上了瘾，他在制造舆论的时候也用了同种方法。之前的东晋一直有不少隐士，可自从战乱开始，国家动乱，隐士也渐渐消失了。桓温听说后，觉得很没面子，嚷嚷着以前那些高洁之士怎么到了我这儿就没有了呢？于是，他命人找来西晋时候的隐士皇甫谧的后代皇甫希之，说：“你老祖宗都隐

庙堂真相

“皇恩太重了！”

桓玄登基仪式时，御座突然垮了，周围大臣全都大惊失色，措手无策。有拍马屁的大臣站出来说，可能是皇帝的恩德太重了，大地都无法承受吧，当时就把桓玄说得眉开眼笑。这马屁拍得，真有水平！

居过，你难道不想体验一把当隐士的感觉吗？”说着，就给对方一笔钱，命令对方去山林里装隐士。

没过几天，桓玄觉得皇甫希之的名声已经响亮了，就写了封信让对方出来当官。可是，还不等皇甫希之开口呢，又一条密令下来了：你现在是隐士，我就算是高薪聘请你出山，你也得坚决拒绝！皇甫希之很无奈，迫于对方的权势，只好继续待在家里长吁短叹装清高。

公元403年，桓玄再也坐不住了。他当着天下人的面自封为帝，建立桓楚国。然而，坐上皇位后，他依然不务正业，只想着怎样花天酒地，没过多久便迎来了他的末日。

向历史借智慧

要出名，也简单

桓玄不像他老爸桓温那样，或许从来没有想过要留名青史，一心只想着在历史上成名，哪里管他是万古流芳还是遗臭万年。现如今，出名比桓玄那个年代要容易多了，只需要在网络上抛弃脸面，哗众取宠，明天你就会成为明星。不过，在出名的同时，又有几人想过，那亿万网友中有几人不是仅仅把你当作茶余饭后的笑料，看过就算的呢？有时与其追求雷人的一瞬间，倒不如踏踏实实做人。

刘裕灭南燕

桓玄的名声虽然不太好，但看人的眼光还是很不错的。在一次上下级的见面会上，坐着一大帮东晋的人才，他视若无睹，却独独对一个叫刘裕的不起眼的小将领另眼相待。他甚至夸耀对方："这可是个有真本事的人才，见识也很不凡，如果有机会的话，一定要把你招到门下来打工。"不过，他的愿望临死都没有达成，因为刘裕是个不甘人下的人。也正因为这点，才有了他后来的丰功伟业。

说起刘裕，他的出身在东晋王朝中，简直不值一提。当时，朝廷的官员几乎都来自于达官贵族家庭，只有他身世贫寒，还遭遇了很多坎坷。刘裕刚一出生，老妈就因难产而死。老爸刘翘觉得儿子不祥，刚出生就克死老妈，以后长大了，岂不是也要把老爸克死？于是，他狠狠心，准备找个荒郊野岭把刘裕给扔了。刘裕的大婶心生不忍，才把他强留下来，一直抚养长大。

刘裕家里穷，没钱读书，长大后变成了一个小混混，天天不

社会风情

鸠摩罗什译经场

姚兴时的后秦的一大文化建设就是兴修寺院，提倡佛教。姚兴在长安开辟逍遥园，作为西域僧人鸠摩罗什的译经场。鸠摩罗什前后译经九十八部，共计四百二十五卷。鸠摩罗什译经力求译文典雅而又不失原意，所以，他的译经活动不但有利于佛教的传播，还奠定了中国翻译文学的基础。

是找人打群架就是跟人赌博。碰上实在三餐不继的时候，才在街上摆几双草鞋卖。根据前人刘备的经验可以看出，卖草鞋的最后都会很有出息。这不，刘裕就是其中之一。他后来参军，通过建立军功，一步步地往上爬，总算获得了骄人的成绩。

公元404年，刘裕带兵打败桓玄。第二年，他重新拥戴晋安帝复位，俨然成为当时东晋王朝的第一功臣。权力在手的他开始考虑扩张国家领土的事，首先被其下刀的就是南燕。

官员们都出来反对他，说："你别逗了，咱们刚消停几天，如果跟燕国打起来的话，也不知道啥时候能结束战事，到时候国家又得动乱了。"

刘裕却表示："这场战争只要速战速决就不会有什么大问题的，首先我们可以坐船北上，省时又省力。接着再从琅琊（今山东临沂）进攻。慕容超那家伙没啥本事，我这次肯定能赢。"官员们很无奈，他们知道这顶头上司是出了名的赌徒，现在嚷着要打仗，多半又是赌瘾犯了。

南燕当时的老大是慕容超，他原本是想趁东晋内乱的时候，过来捞点油水的。谁知，油水没捞着，反倒成了对方的眼中钉。

庙堂真相

刘裕统一南方

刘裕平定桓玄之乱后，带兵征讨，消灭了各种割据势力，统一了南方。他南下击溃卢循，收复广州；攻克江陵，杀了原先的同盟者刘毅；力取成都，灭了割据者谯纵；直捣襄阳，赶跑了军阀司马休之。到公元415年，桓玄作乱以来四分五裂的南方又重新归为一统。

现在听说晋军要打过来，便赶紧召集一帮大臣商量对策。

有官员跟他提议："晋国那边跑这么远来打我们，肯定是希望战事越快解决越好，那咱就偏偏不能让他如愿。晋军要打过来就必须翻过大岘山，我们想要搞持久战就应该死守住大岘山，再把那附近的庄稼全都毁了，让他们连吃的都没有。最后我们只需要截断他们的粮道，前后夹攻，胜利就不是什么难事了。"

按理说，这绝对是个让刘裕满盘皆输的好计。可惜慕容超听不进去，还反对说："人家大老远地跑过来，怎么可能想要速战速决呢？再说了，这年头百姓种庄稼不容易，咱们不能这么不厚道地三天两头就去毁人庄稼不是？要我说，还是好好守在原地，诱他们深入境内再打就行了。"

旁边的一个叫慕容镇的官员听不下去了，散会以后便跟其他同事发牢骚："咱们老大打仗，一不想主动出击，二也不愿意严防死守，唉，看来咱们大燕离国破家亡不远了啊。"

祸从口出，慕容镇这边刚说完，那边慕容超就听说了。他当场大发雷霆："这仗还没打呢，自家亲戚就开始说三道四。哼，我饶不了慕容镇那家伙！"之后，他便命人把慕容镇囚禁起来。

名臣风骨

大总管刘穆之

刘穆之算得上是刘裕的大总管。刘裕南征北战，刘穆之替刘裕处理各种军政琐事，给了刘裕极大的帮助。后来，因为刘裕要求加九锡的问题，两人产生了隔阂，刘穆之也因此郁闷而死。朝廷从此无人看管，刘裕不得不放弃唾手可得的胜利，急急忙忙返回建康。

不久刘裕带着大军进入大岘山。本来大家心里还有些担心南燕会在这儿搞埋伏，结果一路走过来，除了上山砍柴的农民，一个人影都没有。众人心里这才舒了一口气，暗说自家老大的赌运够好的，连打仗这事都有如神助。

晋军虽然是跋山涉水过来的，但士气依旧很高涨。等战争一开打，双方就杀了个天昏地暗。刘裕的参谋眼看这样斗下去不是办法，便跟他说："燕军为了对付咱们，肯定是倾巢出动了。趁现在混乱，不如你分给我一小队人马，我去突袭他们的城池，杀他们一个措手不及。"刘裕听后，当即应允。

却说慕容超正在这边看打仗看得兴起呢，突然听说后方城池被占，立时慌了手脚，急得团团转："窝都被占了，还打啥打？打完了都没地方吃饭睡觉，这可怎么办啊？"说着，也懒得管其他人了，直接站起来，趁着混乱一溜烟逃了。

于是，慕容超在前面逃，刘裕在后面追。一直到了广固，慕容超便一关城门，不愿出来了。刘裕嘿嘿一笑："就不信你这家伙能在里边宅一辈子！"于是，当即下令围城。

慕容超在城里急得睡不着觉，万般无奈之下，总算想起了老

名臣风骨

住在廉与让之间

南朝宋时梁州人范百年，因事去拜见宋明帝刘彧，言谈中提到岭南的贪泉（泉名，据说喝一口其水，人必变贪），于是宋明帝问范百年说："你们州有贪泉吗？"范百年回答说："梁州只有文川、武乡，廉泉、让水。"宋明帝又问："你的家住在哪里？"范百年回答得相当高明："臣居住在廉与让之间。"

朋友——后秦的老大姚兴。他派出官员张纲去求救。倒霉的是，姚兴正被造反的赫连勃勃搅得吃不下饭呢，哪儿来得及去管老朋友那边的情况。不过，他还是很够意思地派出使者去见刘裕，并且放话说：“你可别再欺负我慕容小弟了。如果你再不撤军的话，小心我从洛阳调十万兵马过来，杀得你这辈子翻不了身！”

刘裕也不是个好惹的主，当时就让使者带话回去：“告诉你家老大，我这次消灭南燕之后，休息个三年就带兵去关中问候他！”

这话一出，刘裕的一帮手下吓得当场冒冷汗。等到使者一走，他们就说：“老大，咱们这次玩大发了，洛阳的十万大军眼看就要过来了。您还是别硬扛了，收拾收拾东西回家吧。”

刘裕哈哈一笑，回答：“你们还真信姚兴的话吗？他如果能调出十万大军的话，还用特地来给我打声招呼？”

听说后秦派出使者后的张纲兴冲冲地往家跑，结果还没到城门呢，就被晋军团团围住，抓他去见刘裕。刘裕刚一见他，便拿出一堆金银珠宝送到他面前，说：“你从今以后给咱打工的话，好处肯定少不了你的。”他见张纲心动了，就让对方跑到城门下去喊话，传假消息说赫连勃勃打败了秦军，姚兴连自己都保不住了。

庙堂真相

“天不以陛下为耻”

姚苌以前是前秦帝国的臣子，后来拿起枪杆灭了前秦，当上皇帝后，他问群臣：“以前我跟你们一同是秦朝臣子，现在的关系却变成了君臣，你们不感到耻辱吗？”大臣中有脑子会转的，马上说：“天都不以陛下做儿子为耻辱，我们为啥要为此感到耻辱呢？”

燕军一听，顿时腿都软了。慕容超没办法，只好把关在牢里的慕容镇找出来，让对方想想办法。慕容镇长叹一声，说："现在已经没有退路了，还不如把国库里的财产拿出来分给将士，激励军心。到时候再把城门打开，让将士们跟敌人拼个你死我活，没准还有一线生机。"

慕容超点点头，边叹气边表示这方法值得一试。不过，在场的官员却沉下脸，支支吾吾起来，这个说太冒险，那个说等于是送死。说白了，就是舍不得把钱送出去。本来嘛，贫富是要有差距的，钱都分出去了，他们和那些贫民还有啥区别？最终，慕容镇的计策依然没有得到采纳。

公元410年，燕军在刘裕大军的四面夹击之下，无力抵抗，只得开城投降，慕容超和一帮慕容家的人都被当场抓住。刘裕下令，杀光所有慕容家的人。有提出反对意见的，他都嗤之以鼻地回击："我可不想学苻坚，搞优待俘虏那一套，最后却把自己的性命和江山都赔进去了，不划算啊！"从这以后，慕容家族彻底退出了历史舞台。

向历史借智慧

大浪淘沙

相比起南燕国主慕容超，刘裕的出身简直卑微得不值一提。但是，正是这个平民让慕容家族在历史上销声匿迹。历史是公平的，最终能称王争霸的，都是有真本事的人，而那些安于守成的昏庸之人，最后都会被淘汰。现代社会竞争激烈，想在其中胜出，只有掌握了真本事，才能获得成功。毕竟大浪淘沙之后，能留下来发光的，就只有金子了。

后秦的末日

后秦国君姚兴当了二十多年的皇帝，在位期间还是做了不少好事的，国家经济也因此得到了改善，人民都很拥戴他。不过，晚年的姚兴却被自己的儿子姚弼狠狠地伤了一把，连性命也赔了进去。

姚兴当上皇帝以后，立儿子姚泓当太子，另一方面，他又对姚弼非常溺爱。时间长了，姚弼就暗说："既然老爸这么疼我，是不是表示咱当太子是很有希望的？"如果姚泓很有才干的话，估计姚弼也只是想想罢了。可是对方在处理国事上毫无才能，也就只是个伤春悲秋写写文章的知识分了。姚弼见当太了的不给力，抢皇位的决心便越发坚定了。

当时的姚弼手中握有很大的兵权，有的官员看不下去，就跟姚兴建议："您的皇位以后是由太子继承的，但现在兵权却在姚弼手中。以后如果出了啥事的话，恐怕太子镇不住啊。"

这边姚兴还没发表意见呢，那边听到小道消息的姚弼就赶紧

社会风情

箪食壶浆以迎王师

刘裕北伐时，得到了北方广大汉族人民的大力支持。伐南燕时，河北的百姓背着粮食过来欢迎，每天上千石；伐后秦时，军粮运输不畅，百姓竞相拿出存储的粮食供应晋军。可见北伐是深得北方汉族人民的心的。

跟上，给老爸吹耳边风，说这个官员如何如何不好。姚兴对儿子的话从来不怀疑，跟着就发了一通火，把那人给斩了。之后，再也没有官员敢说姚弼的坏话了。

后来，姚兴年纪大了，身体一年不如一年。有一次，他卧病在床，姚弼趁机召集了几千人，私下说："我看我老爸离死期不远了，所以大家得先准备着，他一死，我就夺权！"

然而，这次的姚弼不仅没有得偿所愿，还不小心走漏了风声，搞得全长安的百姓都知道了这件事。大家纷纷说姚弼不孝顺，当爹的还没死呢，他就想着谋夺家产了。

没几天，姚兴的病情好转。当他召集大家上朝开会的时候，官员们终于集体抗议，要求严惩姚弼。姚兴很不以为然，暗想：这帮家伙不会是嫌我平时太宠儿子才发牢骚的吧？不愿承认儿子谋反的他为了安抚众怒，只好勉为其难地撤了儿子的文官职，但还是让他继续保有兵权。

姚弼这下更得意了，走路都脚底生风，趾高气扬地说："哼，看咱老爸多挺我！这帮老不羞的说破了嘴皮子，也不能把我怎么着，可怜啊。"

社会风情

重镇荆扬

东晋有两个重要地区——上游的荆州和下游的扬州。谁掌握了这两个地区或其中一个，就能形成对朝廷的威胁，如王敦、桓温。刘裕掌权后，改用儿子做镇将，于是，兵马尽在掌握，威胁解除。刘裕也就踢开司马氏，从幕后走到了台前。

姚兴毕竟老了，下床活动了没多久，又重新躺回了床上。公元416年的一天，他妹妹南安公主进宫看望他。出来的时候，碰到了姚弼的党羽。那人缠着公主询问姚兴的情况，公主这会儿正心烦呢，一皱眉，不耐烦地回答：“问什么问，我哥都死了，随便你们折腾去吧。”

姚弼听说后，高兴得一蹦三尺高，大声叫嚷：“快攻进皇宫，我要当皇帝！”于是，几千人一起蜂拥而来，嘴上嚷着要拥立姚弼当皇帝。

躺在床上的姚兴听到了风声，气得当场吐血：“不孝子啊，我还没死，他就想要抢地盘！”终于醒悟过来的他挣扎着爬起来，让人把他扶到城楼上，当众宣布：“姚弼是逆贼，凡是讨伐他的都论功行赏！”

本来秦军还有一丝犹豫呢，现在见皇帝都出面承认儿子叛乱了，个个都来了精神，奋力反击。眨眼之间，叛军就处于劣势，姚弼也被人当场杀死。姚兴见逆子终于被杀，心中悲愤交加，第二天就两眼一闭，双腿一蹬，见阎王去了。

后秦国君姚兴死亡的消息几天内就传遍了天下，早就打着后

名臣风骨

千秋万载名，不如一杯酒

西晋人张翰放纵任性，不受拘束，当时的人称他为“江东步兵（江南阮籍）”。有人对他说：“你可以从心所欲于一时，难道就不考虑身后的名声吗？”张翰称：“与其让我死后有名声，还不如让我现在喝一杯酒！”

秦主意的刘裕得知此事后，哈哈大笑说："死得好，死得好！立刻召集兵马，咱们要北伐了！"

刚刚上台的姚泓听说东晋要来攻打的事情后，表示压力很大，天天苦着一张脸要大臣们出主意。大臣们争吵不休。这个说应该调集所有兵力保卫长安，那个说应该分散兵力抵御，把将领们叫来长安，皇位很危险。姚泓虽然是个文艺青年，但是对皇位还是很看重的。最后他决定分散兵力，一部分用来抵御赫连勃勃，一部分用来防守刘裕，他自己则留点人手保卫长安。

等到战争一开始，后秦大军还不等正正经经地打上一两场，就陷入了一片混乱中。这个不愿意救援前线，那个不想出门当炮灰。更有甚者，防守赫连勃勃的守将也不守城门了，直接带军掉头，玩起了造反游戏。

长安城里的姚泓看见前线后院一团乱，急得放声大哭。亲戚姚绍看不下去了，大喊一声："别哭了，我不还在吗？"于是，他调集国内的主力大军，帮姚泓平定了内乱。

好容易内乱才得到平息，东晋那边又眼看就要打到长安了。姚泓没办法，只好找外援。显然，赫连勃勃是靠不住的，那家伙

野史秘闻

野鸡皇帝

有个叫王始的人，靠一点歪门邪道在老家纠集了几千人，便自称太平皇帝。后来被捉，和老婆一起被处斩。临刑时，监斩官问王始：你父亲和兄弟现在哪里？王始一本正经地回答："太上皇蒙尘在外，征东将军、征西将军被乱军所杀，只剩朕一身无依无靠。"老婆怒了，大骂："事到如今你还在过嘴瘾。"王始答道："皇后还看不透天命？自古岂有不破之家、不亡之国？朕即使驾崩，终不改帝号。"

不打过来就够意思了。无奈之下，他只好找北魏来帮忙。

北魏皇帝倒是挺想帮忙的，不过手下可不答应，说：“人家刘裕这次是铁了心要进长安住几天的，您要是中途出来坏他的好事，指不定会成为他的重点打击目标。反正姚泓没啥本事，灭国是早晚的，我们不如帮刘裕一把，让他欠个人情给咱好了。”

北魏皇帝觉得这样做不厚道，便调出一部分人马，说是去帮后秦的忙，其实暗中却告诉将领们：“咱虽然不想跟东晋起冲突，但还是要意思意思帮帮后秦，让天下人没有把柄说咱。你们上了战场，只管骚扰晋军，避免正面冲突，随便打打就回来吧。”

姚泓很凄惨，国家内部一盘散沙，外面东晋大军的脚步也越来越近。公元 417 年，承受不住连连打击的他终于决定带着妻子儿女出城投降。他十一岁的儿子死活不出城，说：“老爸，您难道忘了慕容家的教训了吗？刘裕可不是苻坚，怎么可能优待俘虏呢？”说完，自知难逃一死的他就跳墙自杀了。

果然，等众人刚一投降，刘裕就下令把所有后秦的皇室成员统统处死，姚泓也不能幸免于难。曾经风光一时的后秦从此灭亡，东晋大军浩浩荡荡地开进了长安城。

向历史借智慧

能真正击垮你的并不是你的敌人

姚兴晚年很糊涂，看不清儿子姚弼的真面目，误信了奸人，最终饮恨黄泉。至于他的继任者姚泓，也是个没本事的文艺青年，这样的人在乱世当中，只会成为亡国之君。从一定程度上讲，帮助刘裕消灭后燕的，正是姚家人自己。要想在竞争中获胜，首先应该战胜的就是自己的心。只要你对自己有信心，那么敌人的打击就不能击垮你，而会使你在竞争中不断成长。

刘裕称帝

刘裕从一个街头的小混混，成长为一个权倾朝野的大臣，一路走来的辛苦常人难以想象。也正因此，他才更加迫切地想要早日夺得皇权，享受一把当皇帝的滋味。你想啊，今后他就算入了土，后人在评说他的时候，也不会再把他和桓温之流混在一起评论，只会单单夸赞他是“平民皇帝”。平民也能当皇帝，可见他有多成功了。

为了早日实现心中宏愿的刘裕匆匆离开长安城，而赫连勃勃听到他回老家的消息后，很不厚道地笑了：“以前我就说拿下关中轻而易举，现在看来，一切等待都是值得的啊。”于是他当即下令，命儿子做前锋，先去进攻长安。

反观长安内部，现在别说搞防御了，内部都乱成了一锅粥。自从王镇恶死后，刘义真就找来几个手下询问情况。其中有个叫王修的一语中的：“肯定是沈田子搞的鬼，他从来都看王镇恶不顺眼，这些谣言多半是他散播的。”

庙堂真相

傻子皇帝

司马德宗是晋孝武帝司马曜的长子。不知是不是司马曜喝酒过多的原因，司马德宗生来就傻傻的，话都说不清楚，史书说他连冬夏两个字都分不清。真可谓前有西晋司马衷，后有东晋司马德宗，晋朝皇帝的智商实在是没有下限。皇帝是傻子，权力自然就落到了权臣的手里，初期是司马道子父子，后来是桓玄，最后是刘裕。

于是，他们把沈田子找来，说要找他商量军事。沈田子乐不颠儿地跑过来，正准备好好挣挣表现呢，谁知刚一进门，白森森的刀子就架到了脖子上。王修不等他开口求情，就手起刀落，一刀结果了他。

刘义真看谣言的来源总算解决了，正准备喝喝茶享受享受人生，谁知道军中又开始谣传："王镇恶要造反，沈田子把他杀了；后来沈田子也想造反，王修就出面把他解决了。不知道今后王修要是反了的话，该由谁来解决他啊？"

刘义真听得血气上涌，大吼一声："他要是反了，就由我来解决！"说完，就命手下去把王修杀了。

短短几天的时间，东晋内部就损失了几员大将，这对赫连勃勃来说，简直是天大的好消息。至于刘裕接到消息后，却是连呼不妙。他连忙找来手下朱龄石，吩咐说："我儿子没啥本事，你赶紧过去接他的班。我还留着二十万大军在长安呢，如果赫连勃勃打过来的话，他们就危险了。你赶回长安后，先让我儿了赶路出关中，如果你顶不住了，也跟他一块撤吧。"

朱龄石领了命，便连夜赶到长安，催促刘义真快点离开。刘

名臣风骨

以淡定为美

魏晋人追求风度，以淡定为美。在谢安之前，有个叫顾雍的人，儿子在外地当官，去世了，使者来报告消息。顾雍一听有使者来，心下已然明白，儿子是凶多吉少了，这时他正和部属们下着棋，便也不接见使者，而是坚持着把棋下完。整个过程，面不改色，毫无异常，只是手指甲紧张得掐进了肉里，划破手掌，血流到了坐垫上。直到宾客散去，顾雍才悲伤流露，但很快又神色自若。

义真压根没有意识到问题的严重性，还不慌不忙地收拾东西，并说："咱从南方来一趟长安不容易，好歹得带点土特产回去吧。"说着，就命令将士们去大街上抢劫，直到装满了几千车的财物和美女，才心满意足地离开。

一路上，刘义真的军队拖家带口，走走停停。将军毛修之看不下去了，就跟他说："钱财和美女咱东晋那边也不缺，可是咱们的命只有一条。您扔点包袱，走快点儿行不？"

刘义真很不耐烦地拒绝了："不就是几个少数民族的兵吗，至于把你们吓成这样？"

就在刘义真不慌不忙的时候，胡夏国的铁骑气势汹汹地跟了上来，数量足有三万多。夏军看见对方长长的车队上满载的美女和钱财后，顿时像打了鸡血一样，开始奋力砍杀。前一刻还不明就里的刘义真，下一刻就被吓坏了，慌忙抱着头缩到草丛里，不敢出来。这一场一边倒的战事持续了没多久，晋军将士多被屠杀，毛修之被活捉，只有躲在草丛里的刘义真幸免于难。

而长安那边，刘义真等人一走，百姓们的怒气就彻底爆发了。本来战争年代，大家的日子都不好过，结果姓刘的临走还把他们

社会风情

卿卿我我

"卿"这个字在汉代时本是丈夫对妻子的昵称。可到了魏晋时期，不少妇女以"卿"称呼丈夫。西晋王戎的妻子就这样称呼王戎，王戎很不高兴，认为这是不礼貌。但老婆反驳说："亲卿爱卿，是以卿卿。我不卿卿，谁当卿卿？"这就是"卿卿我我"一词的来历。

给搜刮个遍，试问谁受得了？于是，百姓们聚在一起商议后，就合起伙来要赶走朱龄石。恰巧这时，城外的夏军正叫嚷着要杀进城来，百姓们索性把城门一开，以期望自己能碰上一个好领导。可惜，他们都想错了。这些胡夏兵比起晋军来，更加残忍嗜血。东晋的二十万大军纷纷阵亡在他们刀下。进了城的赫连勃勃在皇宫里过了一把皇帝瘾后，便又玩起了堆人头的游戏。他命人把东晋士兵的尸骨堆成一座小山，大开庆功宴。

刘裕知道长安失守、儿子刘义真下落不明的消息后，伤心得捶胸顿足："这仗是白打了啊，现在连儿子都赔进去了。"说着，就准备召集兵力，嚷嚷着要重新把长安夺回来。

官员们连忙阻止他，说："老大，您就别斗气了。咱刚刚才损失了二十万精兵啊，都不知道哪年哪月才能休养过来。再说了，胡夏那边刚刚打了胜仗，士气正高，咱们去了根本就是送死！"

刘裕可听不进去，毕竟他儿子还在关中生死未卜呢，精兵猛将都没了，好歹要给他留一儿子，让他有点儿念想不是？官员们见他心意已决，怎么劝都不听，都一筹莫展。恰在这时，被吓得魂飞魄散的刘义真出现了。

社会风情

士族通婚

东晋时期的四大家族"王、谢、袁、萧"，在婚姻上纯是关起门来自己玩。王家和谢家是玩得最凶的。王导之孙王珉娶谢安之女为妻；谢据、谢万均娶了王览第四代女为妻；谢郎娶王胡之之女为妻；谢玄之子谢焕娶王羲之外甥女刘氏为妻。

刘裕看见儿子平安回到自己身边，激动万分。霎时间，出征的决心化为乌有，一心开始筹划起改朝篡位的事情来。当有人提到长安失守的事情时，他也仅仅是惋惜地哀叹几声，说："时也，命也。大不了咱今后再北伐一次，一定把关中夺回来！"

公元 419 年，回到东晋首都建康的刘裕，偷偷命人把晋安帝杀死，改立了司马德文为晋恭帝。天天上朝开会的晋恭帝表示压力很大，因为实在受不了刘裕死盯着宝座的杀人目光，没多久，他便把皇位让给对方。公元 420 年，刘裕自立为帝，改国号为宋，东晋至此灭亡。

向历史借智慧

强人世界

遍观历史，开国皇帝都是强人。没有一定的实力、过人的本事，是不可能令人信服、当上皇帝的。司马睿没本事，所以只能"王与马，共天下"。后世帝王本事越来越小，只能被人篡位。所以，要干出大事业，就得练出一身真本事。

第三章　南北大冲撞

南北大冲撞是南朝宋和北魏军事上的你来我往，史称“元嘉北伐”。事实上，这并不是一次势均力敌的碰撞。南朝宋的北伐虚张声势潦潦草草，所以当北魏太武帝拓跋焘气势如虹的野战军反攻时，南朝宋的失败即成定局。这是一次对于南朝宋而言头破血流的碰撞，也是南北朝历史上火花四溅的碰撞，从此，这种碰撞在南北朝历史上成为绝响。

公元 495 年，魏孝文帝正式将都城迁到洛阳，开始进行毫无保留的纯汉化改革。而在南朝，继承了宋帝国遗产的齐帝国被它的重臣萧衍消灭，南朝史上最传奇的“南朝梁帝国”建立。这是个大变革的时代，萧衍让整个帝国变革成如他那样具备菩萨心肠。在北方，汉化后的北魏奢靡之风大起，国力已开始走下坡路。等待南北朝的是一场大混乱。

第一次“元嘉草草”

景平二年（公元424年），宋武帝刘裕的儿子刘义隆历经波折，总算坐上了老爸的位子，开始正式接管刘宋王朝，史称宋文帝。刚上任的文帝很有干劲，短短几年的时间里，就让国家面貌焕然一新，百姓们的生活水平一连上了好几个台阶。

看着逐年上升的GDP，文帝非常得意。有官员就说了：“老大，既然您有当皇帝的天分，那现在天下人都忙着争地盘，您是不是也应该在这方面发挥一下啊？”

文帝一听，立刻来了兴致。的确，南北朝时期各方势力混战，如果刘宋王朝能够在自己手上实现土地翻番的话，青史留名还会是浮云吗？于是，他窝在屋子里冥思苦想，又和心腹们精心谋划，决定先找当时刘宋王朝的最大劲敌——北魏下手。

众所周知，北魏是少数民族——鲜卑族建立的政权，在打仗这方面很有一套。此时，他们正忙着解决边疆问题，其他事情都顾不上。

庙堂真相

“农民皇帝”刘裕

刘裕于公元420年称帝，422年就去世了。他在位时间虽短，却做了大量改革，奠定了刘宋的统治基础，使宋成为南朝中最强大的国家。他的改革包括改革吏治、抑制豪强等，最突出的是提倡节俭。他常穿着平常衣服，睡的床上挂的是土布做成的帐子，墙壁上挂着布做的灯笼。他还办了个展览馆，陈列年轻时耕田用过的农具、穿过的草鞋。以致后来他的孙子看到，骂他是“老农民”（田舍翁）。

于是，文帝写信给北魏的老大拓跋焘，说："我知道您最近忙着呢，可是河南这一带一直都是我们刘宋王朝的。以前你们抢过去，咱也不计较了。但是现在我数一二三，你们要是不把它还回来的话，咱可就要打过去了。"

拓跋焘看完信后，不怒反笑："想要河南啊？那就放马过来抢呗，甭跟我玩什么数数字的游戏。实话告诉你，我身后的百万大军可是会让你有命来没命回的！"

拓跋焘很狂妄，文帝窝了一肚子气，心想："咱现在在国内挺招人待见的，怎么一上了国际这个大舞台，就不被放在眼里了呢？看来，有时候还是要用武力才能树立威信啊。"

于是，元嘉七年（公元430年），他派将军到彦之（这个人姓"到"，够搞怪的！）领兵出征，直取河南。他这命令一下达，官员们便暗自寻思："咱们朝中不是还有檀道济这样响当当的人物吗？皇上干吗放着不用，却让到彦之这种二流货色上战场？"

说实话，到彦之在打仗方面，的确跟檀道济没法比，但他是文帝的心腹大将，亲密程度不言而喻。这次出征，文帝可是铆足了劲的。你想，他如果派一个不是心腹的将军出征，万一在战场

庙堂真相

元嘉文学

元嘉文学的兴起离不开朝廷的大力提倡。文帝刘义隆把儒、玄、文、史并列为"四学"，把文学提高到和经学等同的地位。在他的鼓励下，宋朝出现了一大批名留青史的文学家、诗人，如田园诗人陶渊明，"颜谢"——颜延之、山水诗人谢灵运，刘义庆、鲍照等，一时间文坛群星闪耀。

上出点小状况，将军对祖国、对皇上没有深厚的感情基础，那不是很容易临阵倒戈吗？

官员们捏着一把冷汗，提心吊胆地看着到彦之出征。将士们一到河南，就表现得很给力。而当时北魏军都忙着在其他地方打仗，河南一带只有少数兵力。拓跋焘很潇洒，他见到彦之的部队真的开过来了，就对手下说："咱们人少，别打了，能撤的就快撤回来吧。"

于是，北魏军撤了，宋军驻扎了下来。到彦之见这次出征顺风顺水，还把河南一举拿下，连着好几个晚上都在睡梦中笑醒。他索性下令说："既然河南都拿下了，不如大家都分散开来，四处都派兵给我守着。哼，我就不信他北魏军敢贸然闯入！"

到彦之的命令遭到了反对，有人认为："咱出来打仗，带的兵本来就有限。可现在河南这么大的地方，兵力一旦分散开，还怎么对付敌人？你以为咱们的兵都是特种部队，一个能顶十个用啊？"到彦之可不管，他坚持实行撒网制度，把手中的兵力分散开，在各地驻守。

宋军在河南的地盘上横行了几个月，没多久，天气转冷，连

名臣风骨

《三十六计》

名将檀道济根据多年的战争经验，写出了《三十六计》。全书分六套，即胜战计、敌战计、攻战计、混战计、并战计、败战计；每套六计，依据《易经》中的阴阳变化之理和古代兵家刚柔、奇正、攻防、彼己、虚实、主客等对立关系相互转化的思想推演而成。后人在三十六计中各取一字，组成了一首诗：金玉檀公策，借以擒劫贼，鱼蛇海间笑，羊虎桃桑隔，树暗走痴故，釜空苦远客，屋梁有美尸，击魏连伐虢。

黄河都结了冰。众人便开始寻思起在河南过冬吃火锅的事情来了。可惜，火锅的调料都还没准备好呢，前线就传来消息，说北魏军卷土重来了。到彦之很生气，问：“敌军在划船过河的时候，你们怎么不拦住？”

手下们回答：“您老都吃上火锅了，那黄河水早就结冰了。”

到彦之慌了手脚，当时就叫嚷：“完了完了，北魏军身经百战，咱们都在这儿养了好几个月的膘了，想打也打不动，赶紧撤吧！”

有将领立刻跳出来阻止他，说：“将军，咱们来一趟不容易，好歹打上一仗，说不定能保住一点地盘呢。您这么匆匆忙忙地跑回去，皇上那边不好交代啊。”

到彦之横眉一竖，回答：“打什么？现在是保命要紧。你们放心好了，借口咱都想好了，就说现在这儿有非典、流感啥的，再待下去，所有人都会被传染了。”于是，他一声令下，士兵们捡起兵器，穿上铠甲，逃命去了。

这一逃，北魏军不仅收回了河南失地，也在几次战斗中让宋军元气大伤。宋文帝眼看自己辛苦建设几年的成果，转眼间就要没了，心痛不已，只好把檀道济找来，说：“大哥，我知道您有

社会风情

旷工的理由

北齐时，大臣皇甫亮连续三天没去上班，皇帝质问他为什么旷工，皇甫亮答道：“一天喝酒，一天醉酒，一天因为醉酒后身体不适。”——这理由，比今天网络上那些火爆的辞职段子一点也不逊色啊！

本事，现在拓跋焘上门砸场子，到彦之是个孬种，现在就只有您能撑撑场面了啊。”

檀道济是个爽快人，当下领命出征。可惜，屋漏偏逢连夜雨，宋军还没打出什么名堂来，北魏军将领叔孙建就把他们的粮草给烧了。将士们着急了，更有人连夜当了叛徒，跑去告诉叔孙建：“宋军现在没粮食啦，您老随便打，只要留我一条命就行。”叔孙建笑得眯了眼，当下决定乘胜追击，要把檀道济的大军一举消灭。然而，当他的大军赶到，探子却回来报告说：“将军，我看咱们还是别冲动了。我们刚去檀道济的军营里打探过，这帮家伙正在营里称粮食呢。据我们初步估算，宋军的粮食起码人手一麻袋。”

叔孙建惊得张大了嘴：“莫非咱没把他的粮草烧完？所谓的叛徒不过是间谍一个！”他二话不说，就让人把前来投降的宋军士兵拖下去斩首，随后命令队伍紧跟宋军，再也不敢贸然对阵了。

其实，宋军叛徒说的话都是真的，而那些堆积成山的粮食，表面上看是白花花的大米，但大米下面却是一袋袋的黄沙。檀道济成功地骗过北魏军，大摇大摆地撤兵，离开了他们的视线。而宋文帝主导的第一次元嘉北伐，最终以失败结束。

向历史借智慧

眼见未必为实

虽说“耳听为虚，眼见为实”，但鱼目混珠这种情况也很多见。当我们要去发现问题、探究事实真相时，研究如果浮于表面，则很有可能被假象所欺骗，而我们不仅不会达到目的，还会离真相越来越远。

拓跋焘之死

事业上的挫折对一个男人来说，实在是太难忍受了。这不，吃了败仗的太武帝回国后，心中依旧愤懑难消，脾气变得越来越暴躁，动不动就嚷嚷着要杀人。刚回来没几天，他就命人把太子的亲信——仇尼道盛和任平城两人给杀了。

这命令一下达，朝中上下都被搞得人心惶惶。谁都知道，这两人可是太子一派的，现在拓跋老大拿儿子的手下开刀，难道是一蹶不振之后，连自己的儿子都不待见了？其实，事情的缘由并没有这么简单。

当时，太武帝在外打仗，便把国家政事都交给太子拓跋晃处理。拓跋晃在治国方面很有一套，不过就是有个毛病——喜欢做生意。官员高允就告诫他说："太子啊，您身为未来的继承人，做生意这种事实在和您的身份不相符。况且您还经常指使亲信走后门拉生意、搞垄断，这件事要是传开了，对您可是大大的不利啊！"

接着，他又劝拓跋晃早点从生意场上退下来，用那些钱搞点

庙堂真相

孩子气的拓跋焘

拓跋焘晚年脾气暴躁，诛戮过多，但他又常常在杀完人后后悔自责。拓跋焘还非常重信义，讲感情，有着很直率的孩子气。刘宋的国运随着刘义隆的死而衰败，但太武帝创下的赫赫武功却没有随他的死而消失，他为他的子孙留下了一个强大的国家。

慈善事业。反正这天下早晚都是他的，怎么能为眼前的一点小利而毁了自己的前途呢？拓跋晃听是听了，可惜左耳进右耳出，根本没当回事儿。

拓跋晃这边做生意赚得盆满钵满，有人却不爽了，那就是太监宗爱。宗爱是太武帝身边的红人。当太监的，跟皇帝老大交流比较多，自然比较吃得开。他见太子一党财源滚滚，而自己只有眼馋的份儿，心里就很不平衡。再加上仇尼道盛等人仗着太子这个靠山，在他面前耀武扬威，就让他更不爽了。

宗爱暗暗下决心："等老大回来，我一定让你们这帮家伙没好日子过！"现在太武帝回来了，他果真天天在老领导那里吹耳边风，说："老大，您不在的时候，仇尼道盛和任平城那些家伙仗着有太子当靠山，胡作非为，官也不好好当，一天到晚就想着做生意。他们还经常借着太子的光，在商场上谋利。皇上，您如果不惩治他们的话，恐怕他们会越来越放肆啊。"

太武帝此时正心烦意乱呢，没心理医生给自己调节心态不说，又有人说自己的儿子不争气，他当时就说："我儿子肯定是被他那帮手下带坏了，要想让他改邪归正，还是先把仇尼道盛这些跟

社会风情

道教发展

道教是中国本土的宗教，魏晋时期是其创立时期。东晋葛洪结合当时风行的玄学，对道教理论进行了系统化整理，使道教得以正规化发展。南北朝时，寇谦之在北魏太武帝支持下建立了"北天师道"，陆修静建立了"南天师道"。

做生意有关的官员都杀了，我再好好教育他。”

却说拓跋晃见自己的手下被老爸处死，当场就吓得面如土色。没办法，他现在虽然算是国家的半个主人，但老爸在他心中堪比战神，试问人怎么跟神斗？拓跋晃自知斗不过，只好提心吊胆地过日子。今天见老爸咳嗽一声，就以为自己要挨揍；明天见老爸横眉一竖，就以为自己要进监狱。他整天诚惶诚恐，心绪不宁，没多久便被吓死了。

儿子一死，太武帝才猛然惊醒，大呼自己冲动行事，不仅害了儿子也害了自己。一夜之间，他仿佛老了，人生的挫败感、痛失儿子的伤感，种种消极情绪向他侵袭而来。他无力招架，只好选择一醉解千愁。

不过，酒是解决不了问题的。他在抑郁难消的当口，想到了依然健在的老臣——高允，便让人把他叫进宫，想一起喝酒聊天。高允接了命令，不得已只好来了。他边走边哭，见了太武帝之后更是泣不成声。

太武帝一看这情形，就知道聊天这事是泡汤了。无奈之下，他只得挥挥手，让对方回家去。有人在一旁见了，觉得奇怪，就

庙堂真相

宋少帝的废立

少帝刘义符是刘裕长子，继位后嬉戏无度，不听朝臣谏阻，于是大臣徐羡之、傅亮、谢晦等人废了少帝，立了刘义隆，不久他们派人杀了刘义符。刘义隆虽继帝位，但不能容忍权臣杀主的行为，待时机成熟后，就下令捕杀了徐羡之、傅亮、谢晦等人。

问他原因。太武帝叹了口气，说："太子对高允来说，曾经有过救命之恩，但现在恩人不在了，他触景伤情，才哭成这样啊。"

宗爱在一旁听了，暗自流汗，心说："外人都怀念太子，那咱老大不是更加想念了吗？万一时间长了，他把儿子的死怪罪到我头上来，我哪还有活路啊。"

宗爱为人阴险狡诈，而且喜欢先下手为强，这一次也不例外。他开始暗中筹划，意图暗杀太武帝。这一次的行动太过隐秘，以致后来的史书都无法弄清宗爱的整个计划，只知道在北魏正平二年（公元452年）二月的一天，从宫中传出消息，说太武帝暴毙而亡。

曾经的战神就这样不明不白地死了，举国上下都震惊不已。然而，官员当中并没有人想要彻查其死因。大家见老大一死，便什么都顾不上了，只忙着开始争论应该由谁继承皇位的问题。宗爱可不愿被这帮老家伙牵着鼻子走。本来太武帝暴毙这件事，就属自己功劳最大，那最后掌握大权的，舍我其谁？

于是，他召集朝中的几十个大臣，说要开会商量国家大事。官员们压根没起疑，谁能想到，一个太监也能翻云覆雨呢？当他

社会风情

大蛤蟆车

古代为了守城，都在城墙外掘有护城河。北魏军攻打悬瓠时，想出了一个新招来渡过护城河：用牛皮做了一种兵车，因外形像蛤蟆，命名为大蛤蟆车。用这种车运载泥土填平城外护城河，然后架设云梯强行登城。

们进了宫，宗爱一声令下，事先埋伏好的宦官便一拥而上，手拿刀剑，将这些官员齐齐砍杀。

就这样，太监宗爱得偿所愿，立六皇子拓跋余为帝。自此，太武帝开创的辉煌时代宣告结束。

向历史借智慧

生得光荣，死得窝囊

太武帝当上皇帝，就开始了长达数十年的征战岁月。可以说，他的一生都充斥着胜利的欢呼。然而这样一个本应马革裹尸、战死沙场的皇帝，最终却被最不起眼的太监所杀，所谓"生得光荣，死得窝囊"，说的就是他这种人。其实人的生死无常，脱离自己掌控的事也多不胜数，倒不如把心放宽，努力做好眼前事才是最重要的。

暴帝刘子业

大明八年（公元464年），宋孝武帝刘骏去世，特意指明由他的长子刘子业继承皇位。于是，刘子业来到老爸的棺材前，接受传国玉玺。

按照惯例，儿子接老爸的班，为了彰显一下孝心，都会在其棺材前大哭一通。大臣们摆好架势，只等这个新皇帝张口，他们就会马上跟进，该哭的哭，该上前劝慰的上前劝慰。可惜，众人等了半天，一直到刘子业把玉玺拿到手上，还是没见他有哭的迹象。

大家暗自纳闷："莫非前任老大忽悠人，找了个傻子当皇上？"显然，刘子业不傻，他只是太开心了。因为从今以后，老爸死了，他就是老大，试问天下还有谁敢管皇帝的？

有官员见到他手舞足蹈的模样后，心里顿时凉了半截，悄悄跟身边的同事说："老爸死了，儿子一点都不悲伤，真是连普通老百姓都不如啊。我看，咱们的国家撑不了几年了。"这话倒是没说错，刘子业刚一上台便不务正业，在当皇帝期间，更是做尽

庙堂真相

治国无方宋武帝

宋武帝刘骏是一个荒淫腐败的昏君。在位期间，刘骏担心各兄弟藩王会对自己不利，便不惜骨肉相残，先后将宗室诸王杀害。从此，刘宋势力更加疲弱，刘宋王朝也走向衰落。不过，刘骏是刘宋诸帝中较有才华的皇帝和诗人，后人评价他的诗有英雄气概。

了荒淫暴虐的事。

当时，他为了显示自己的与众不同，便在宫中开启新风尚，号召宫女们脱光衣服，并把王妃、公主这些人叫进后宫，让自己的亲信宠臣肆意奸污。而他看得兴起时，也置身其中，跟宫女们奔跑嬉戏。

没几天，裸奔的游戏让他玩腻了，他便开始上演乱伦的大戏，找上自己的亲姐姐——山阴公主。其实，山阴公主已经有老公了，但在收到弟弟写来的情书后，依旧打扮得漂漂亮亮的，屁颠屁颠地进了宫。

这两人丝毫不知避讳，公然同吃同睡。玩得开心了，山阴公主就向他提要求，说："姐姐我一向崇尚男女平等。弟弟啊，你现在后宫有这么多的美女可供享用，可是咱只有一个老公，这也太不公平了吧？"

刘子业哈哈一笑，点头说："姐姐原来是想要男人啊。放心，这年头剩男挺多的，我待会儿就去帮你挑几十个，打包送给你成不？"

山阴公主一听，乐得嘴都合不拢了，直说自己只要帅哥。之后，

野史秘闻

哭来的官职

宋武帝刘骏最宠爱的殷贵妃去世了，刘骏伤心无比，下令让大臣们一起哭奠。而且下令，谁要是哭得有声有色，就有厚赏。皇帝下令，大臣们自不敢怠慢，纷纷放开喉咙呜咽起来。秦郡太守刘德愿捶胸顿足，涕泪交流。刘骏十分满意，赏了他个豫州刺史。御医羊志放声大哭，泪流满面，极为哀伤。事后有人问羊志，眼泪是怎么下来的，羊志回答："我以前哭我的亡妾哭习惯了。"

她果真得偿所愿，领了三十个小白脸回家。

另一边，刘子业见自己搞定了姐姐，就开始打起亲姑姑——新蔡公主的主意。他先是随便找了个借口，把新蔡公主叫进宫来，就想霸王硬上弓。谁知，这个公主平时的操守挺不错，见对方想强奸自己，便拼命呼救，并说：“畜生，我可是你的亲姑姑啊！你这样做早晚是要遭报应的！”

刘子业嘿嘿一笑：“管你是谁，反正咱是皇上，爱跟谁睡就跟谁睡！”说着，他还拔出宝剑，架到对方脖子上，说如果不从的话，就把她杀了。新蔡公主吓得瑟瑟发抖，失去了反抗的力气。

从这以后，他就把新蔡公主软禁在宫中，不准她回家看望老公和儿子。时间久了，他因为担心驸马上门要老婆，干脆就杀了个宫女，封在棺材里，对驸马说：“你老婆已经死了，你还是另外找一个吧。”

驸马哪会相信这等说辞，自己老婆平时身体好着呢，怎么可能说死就死。于是，他命人把棺材打开，结果发现里边躺的不过是一具被划破脸的女尸，跟自己的老婆一点关系都没有。驸马气得咬牙切齿，嚷嚷着要把刘子业这家伙杀了，以报夺妻之恨。

野史秘闻

梨贩子王玄谟

王玄谟是南朝宋的将军。前废帝刘子业在位时，大杀宗室大臣。在刘子业召王玄谟回朝任官时，亲属都劝他不要入朝。王玄谟说：“我不入朝，能够避开危险，但是对皇上不忠。我应该去。”入朝后，他屡次犯颜直谏，很见风骨。但是在北伐战争时，王玄谟不用心打仗，却带领士兵贩梨卖，大赚了一笔，却输了战争。

别看刘子业平时忙着花天酒地，可对自己的皇位还是看得很紧的。他听说驸马要造反，立刻派人将其杀死，并心有余悸地说："看来当了皇帝的人都很不安全啊，现在把驸马都除了，那咱要不要顺便把叔叔们叫进宫来喝喝茶、聊聊天呢？"

想到就做，没多久，各个藩王叔叔们都被他"请"进京。这些人前脚刚踏进城门，立马被他抓起来称体重。他选出最重的湘东王刘彧，嘲笑说："叔叔，你的伙食是最好的，堪称'猪王'啊。"

接着，他便把刘彧关进猪笼里，找人来观赏。等到要吃饭时，他就让人找来一个木槽，把食物倒进去，要刘彧学猪那样边吃东西边拱嘴。他在一旁看着，乐得边拍巴掌边哈哈大笑。

刘子业坏事做多了，有天晚上做噩梦，见到一个女人披头散发，浑身是血地站在他面前，对他厉声斥骂："你丧尽天良，离死期不远了！"刘子业吓坏了，大叫着惊醒过来。

第二天，他便下令把跟梦中女人相似的一个宫女当场处死。没想到，当天晚上，他便梦见这个宫女来到他面前，双目圆睁地瞪着他，尖声骂道："我今天就要杀了你，血债血偿！"说着，她竟摘下自己的脑袋，向刘子业身上砸去。

庙堂真相

宋明帝杀功臣

南朝宋明帝时，考虑到太子年幼，外戚王景文位高权重，大将张永拥有重兵，怕这两位篡位，于是决定除掉他们，便编了首谣言："一士不可亲，弓长射杀人。""一士"是王，"弓长"是张，影射这两人将来会坏事。王景文聪明，知道这谣是冲着自己来的，赶紧请求解职，不过宋明帝没给他机会，仍然赐死了他。原来谶谣还可以这样用！

等他被吓醒后，就大声嚷嚷：“快把道士、巫师啥的叫来，咱要捉鬼降妖！”一声令下，他便带着巫师和几百人前往华林园的竹林堂，开始玩射鬼的游戏。巫师先做了法事，接着让他先开局射了三箭，再由众人拿着弓箭往四处乱射一通。

没多久，巫师便告诉他，鬼已经被他们消灭了。刘子业连忙大笑说：“设宴，我要好好庆祝一下！”当时的他怎么都没想到，这顿酒宴就是他最后的晚餐了。

等他和一帮妃嫔坐定，边喝酒边欣赏歌舞的时候，突然闯进来一伙手拿刀剑的人，他们一边冲杀一边大叫着：“杀死刘子业！”

刘子业吓坏了，慌慌张张地拿出弓箭，想要反击，结果箭是射出去了，可惜落了空。他惊得扔掉弓箭，抱头逃窜。有个叫寿寂之的侍卫见了，立刻冲上前，举刀向他砍去。就这样，荒淫无道的刘子业一命呜呼，而湘东王刘彧继承皇位，史称宋明帝。

向历史借智慧

多行不义必自毙

春秋时候，郑庄公和共叔段是亲兄弟。后来，郑庄公继承王位，共叔段仗着老妈的宠爱，一会儿向大哥要官做，一会儿向大哥要地盘。有官员曾劝庄公多加小心，庄公只是不以为意地笑道：“多行不义必自毙。”果然，共叔段后来谋反不成，反而身死名灭。宋废帝刘子业也是这样，他的结局并非意外，因为平时做多了不义之事，引得民愤四起，早死也成了其不可避免的结局。

“愿生生世世不生帝王家”

刘子业的垮台虽然是众人拍手叫好的事，可湘东王刘彧上台这件事，可不是每个人都赞成。要知道，刘彧可是刘子业亲封的“猪王”，试问“猪王”都能当皇帝了，那还有谁不能当？

反对者们拿出一堆反对理由，嚷嚷着要搞垮宋明帝。就在此时，朝中一个叫萧道成的官员站出来，当众表态：“无论有多少反对派，我一定坚决站在皇上这边，力挺到底！”

宋明帝知道后，感动得一塌糊涂，当即升他做辅国大将军。从这时起，大将军萧道成开始在政治舞台上活跃起来。他历经宋明帝一朝，后来又继续辅佐明帝的儿子——刘昱。

刘昱这家伙在古代暴君史上可是赫赫有名的，可以说，他的残暴和刘子业的荒淫不相上下。他从当上皇帝开始，就喜欢带着一帮手下，像强盗那样冲出宫去，在街上打家劫舍，随意屠杀平民，把百姓们搞得怨声载道。

一次，他在跟亲信孙超说话的时候，闻到对方嘴里有蒜味，

庙堂真相

理乱能手萧道成

萧道成的一生就是在治理刘宋王朝的弊端。他看到刘宋奢侈浪费，就强调节俭，经常对手下大臣说：“使治我天下十年，当使黄金与土同价。”他看到刘宋骨肉争斗杀伐，就对兄弟特别好，死时特别告诫太子说：“当铭记骨肉不可相残。”

便嘿嘿一笑："朕想到个好玩的游戏。"孙超被他盯得冷汗直冒，战战兢兢地问他要玩什么。

刘昱阴森森地回答："玩你的肚子。"说完，他便让侍卫们抓住孙超，不让孙超动弹，而他抽出刀子，亲自上前给孙超剖腹，说是要看看对方的肚子里是不是有大蒜。孙超痛得嚎叫不止，他却充耳不闻。

刘昱对谁都是凶暴残忍的，包括他老爸的恩人——萧道成。一天，他带兵偷偷闯入萧道成的家里。当时正值夏天，天气闷热，萧道成脱了上衣在家里睡觉。刘昱见到后，便说："这家伙的肚脐眼很大，正好当个箭靶子。"

他说风就是雨，当即叫醒萧道成，让对方靠着墙站好，在他的肚子上画了个箭靶，说要试着射射看。萧道成顿时吓得连声大呼："皇上，我没罪啊！"

旁边有侍卫看不下去了，就跟刘昱说："皇上，既然萧将军的肚脐是个好箭靶，咱一次就把他射死了多没劲呀。要不您换个假箭试试，要是有趣的话，今后也好继续玩儿，是不是？"

刘昱觉得对方说得有理，便把假箭搭上弓，一箭射去，正中

名臣风骨

从小不凡的臧质

名将臧质，年轻时去拜访将军赵伦之。当时，赵伦之名声很响，没有接见小字辈的臧质。臧质愤愤然说道："大丈夫怎么都像老太婆一样，自恃资历声望，持门户之见，何必如此轻视普通人！"赵伦之听后有点不好意思，出来向臧质道歉，但臧质已拂袖而去。但也正因为这豪气耽误了臧质，使他卷入了政治斗争的漩涡，在内部斗争中被杀死。

肚脐。他乐得哈哈大笑：“咱这技术果真很牛！”说完，便扬长而去。

萧道成见对方终于离开，吓得瘫倒在地，暗说：“今天用假箭，明天指不定就用真的了。不行，咱为了保命，还是先下手为强吧。”

不过，萧道成在仕途这方面实在很好命。他的谋杀计划还没拿上台面，就有人受不了刘昱的暴行，将其斩杀。萧道成听说这事后，喜上眉梢：“咱要走好运了！”

公元 477 年，萧道成拥立性格乖巧的刘準为帝后，开始权倾朝野。没办法，经过了刘昱的一番压迫，萧道成对于权力越发渴望。况且现任的这个小皇帝实在太温顺了，你今天跟他说要升官，他明天就封你做一人之下万人之上的大官；你前一秒想要军政大权，下一秒他就恨不得把所有军权都塞你手里。

萧道成当官越当越顺心，渐渐地，他开始不满足于只做幕后人士了。本来嘛，现在的国家发展全指着他一个人，如果今后人民过上了好日子，感谢的恐怕不是他，而是这个温顺的小皇帝。每每想到这儿，他便觉得心有不甘。公元 479 年，萧道成再也抑制不住想当皇帝的欲望，带领一帮将士，进宫逼顺帝退位。

庙堂真相

死于太子之手的宋文帝

太子刘劭是宋文帝的长子。刘劭将雕刻代表文帝的玉像埋在地里，诅咒文帝快死，好让自己快点继位。文帝知道这件事后，决定废掉太子。太子就先下手为强，率卫队杀入禁宫。文帝当时还没睡，举起座椅自卫，被弑于室内，时年四十七岁。

当时的顺帝不过是个十三岁的小孩儿，看着眼前白晃晃的刀剑，吓得脸色惨白，哆哆嗦嗦地问：“萧大人是要杀我吗？”

萧道成沉着脸，冷声回答：“不是，是来劝你退位的。”

顺帝听到这儿，早已泪流满面，哀叹一声：“只愿我生生世世，都不要生在帝王家了！”

就这样，萧道成顺利登基，改国号为齐，史称齐高帝。而这个退位让贤的小皇帝最终也没能逃过一死，在这一年的五月就被看守的士兵杀害，刘宋王朝至此结束。

向历史借智慧

堡垒都是从内部攻破的

刘宋王朝是南朝最强大的王朝，可是再强大，也被人篡夺了。原因何在呢？就是骨肉相残得太厉害。刘劭杀了父亲，刘骏、刘彧、刘昱对宗室子弟更是大开杀戒，不杀光亲人就觉得自己的皇位不安定。亲人死光了，皇位安稳了，王朝却出了问题。内部安定、团结，整个家族、整个企业才能向上、向前发展，如果把自己人都当成仇敌，你就真正成了孤家寡人。

魏孝文帝迁都

公元471年，年仅五岁的拓跋宏（后改名为元宏）当上了皇帝，史称魏孝文帝。孝文帝年纪太小了，老妈也死得早，于是国家大权就交给自己的祖母——冯太后打理。冯太后虽然是个女人，不过在治国方面还是很有一套的。孝文帝从小跟在她身边，耳濡目染，学到了不少东西。公元490年，他在当了二十年的空头皇帝后，终于掌握了实权，开始管理国家。

“新官上任三把火”，孝文帝刚刚上位，就想把迁都洛阳的方案提上日程。不过，他深知当时的鲜卑贵族们早就习惯待在平城（今山西大同）了，不说各家保险箱里的那些金银珠宝不好搬，就是房屋土地这些不动产，贵族们在平城一带也买了不少。如果这时候，大权还不稳固的他提出要搬家，相信不出三天，自己就会被人从皇位上赶下去。

孝文帝不是傻子，不想拿自己的皇位冒险。于是，在某天开会的时候，他对官员们说：“我实在很羡慕老祖宗拓跋焘的不世

庙堂真相

太上皇拓跋弘

宗爱立了拓跋余当皇帝，后来又杀了他。大臣们就拥立了文成帝拓跋濬。献文帝拓跋弘是拓跋濬的儿子，他崇文重教，喜玄好佛。公元471年，拓跋弘因杀了嫡母冯太后的情人，冯太后逼迫拓跋弘传位给五岁的太子拓跋宏，拓跋弘做了历史上最年轻的太上皇（当时十八岁）。后来冯太后还是觉得拓跋弘碍手碍脚，干脆将他毒死，死时才二十三岁。

功勋，他刚刚上任就带领军队走出国门，打了几场漂亮的仗。我身为他的后人，难道不应该青出于蓝而胜于蓝吗？为了超越前人，我决定率兵出征，南下灭齐！”

命令是下达了，可是官员们个个都愁眉苦脸，暗自发牢骚：“小皇帝果然不熟悉业务，南方这么远，咱不说率兵打仗，就是单单走路到那儿，都要花上不少时间。现在咱们带着大批士兵，哪怕是日夜急行，等到了目的地，南齐那边恐怕早就做好战斗准备了。”大家想是这样想，可一看见孝文帝雄心勃勃的模样，又实在不忍心打击一个年轻人的斗志。

正在这时，他的堂叔拓跋澄站出来，说出兵南下对国家社稷不利。孝文帝一改以往的谦和，说：“现在北魏的大小事都是咱说了算，您虽然是咱叔叔，但说穿了，不过就是个辅佐我治理国家的臣子，有啥资格对我指指点点的？”

拓跋澄当即反驳：“你是老大不假，但我既然负责协助你治理国家，那么你有错了，我就应该提醒你，这才算是履行职责。”

他们两人吵得不可开交，旁边的一帮大臣乐得轻松。本来嘛，既然拓跋澄说出了大家的心声，那自己还何必凑上去惹皇帝生气

庙堂真相

临朝称制

古时后宫是不能上朝堂的，所以后妃掌权就叫“临朝”；皇帝的命令专称“制”，后妃虽然掌权，但不是皇帝，所以就叫“称制”。“称制”其实是指在发布命令的时候，是以皇帝的名义，而不是直接使用后妃的懿旨。“临朝称制”由西汉吕后开创，冯太后在少年拓跋弘即位后临朝称制，后来又在拓跋宏即位后长期临朝称制。

呢？等到散会后，孝文帝把拓跋澄找来，跟他说了自己的真实打算。本来还在气头上的拓跋澄这才笑起来，说："既然是迁都的事，那咱绝对力挺你到底。要知道，咱也是个改革派啊。"

于是，所谓的"南征"工作在拓跋澄的抗议无效后，如火如荼地展开了。官员们很无奈，皇帝的叔叔都把这个新君劝不回来，更别说他们这些外人了。公元493年，孝文帝亲自率领一支三十万的大军，领着若干大臣，踏上了"南下伐齐"的征途。

孝文帝出发的日子，恰好是秋雨连绵的时候。当时，大军顶着阴冷的秋雨，连续走了一个多月，有些官员就受不了了。他们开始叫嚷："皇上，已经连着下了一个月的雨了，路也不好走。咱们第一次出征就遇到这样的情况，会不会是上天在给您警示，让您不要轻易动兵啊？"

孝文帝充耳不闻，握拳激励众人："大家不要被这几场雨给打倒了，要知道，阳光总在风雨后嘛。"众人当场跌倒在地，叫苦连天。孝文帝可不管众人的反应，他径自上马，容光焕发地号召大家继续赶路。大臣们彻底崩溃了，死活赖在地上不肯起来，说："今天就算是在这儿饿死，也坚决不走了。"

名臣风骨

魏收小心眼

北朝学者魏收，被皇帝安排去写《魏书》，即北魏的历史。魏收小心眼，谁跟他关系好，他就把谁写得好，或者是谁给了他好处，他也把人往好的方面写；至于跟他关系不好的，不肯出钱请笔下留情的，他就把谁往人渣上写。

孝文帝把脸一沉，冷声说："拉弓没有回头箭，咱们好容易出来一趟，怎么能连敌军的影子都没见着就回去呢？咱们身为鲜卑人，没有征服天下的勇气，要是传出去了，不是会被天下人笑掉大牙吗？"大臣们连忙拖住孝文帝的马，阻止他说："皇上，不是咱们不愿意打仗，而是这次出征实在太仓促了，胜算真的不大啊。就咱们现在这状况，等到了南齐，军心士气啥的恐怕早就没了，这不是任人宰割吗？"

孝文帝将马鞭一挥，说："本来朕和士兵们都很有信心能打赢这场仗，就是因为你们成天唉声叹气，才搅得人心不宁。怎么，难道是皮痒了，想让朕惩处你们？！"

大臣们吓得三跪九叩，说："皇上饶命啊，咱们真的是为了国家才这样做的。要不这样吧，现在只要除了打仗，你要求什么事情，咱们都绝无二话，坚决执行到底！"

孝文帝见众人一副信誓旦旦的样子，当即笑了，说："那好，咱不打仗了，咱搬家到洛阳吧。"

"啥？您要迁都！"又一个重磅炸弹击中大家，不过说实话，这可比长途远征去打南齐来得轻松多了。

社会风情

有人富奢有人俭

北魏高阳王拓跋雍喜欢吃美味，他要求厨房每顿饭都必须要有山珍海味，这样，他一顿饭要吃掉数万钱。陈留侯李崇听说后，对人说："高阳王吃一顿饭的花费，相当于我一千天的所有支出！"当时，李崇做尚书令，开府仪同三司，也是富倾天下的人，家中有僮仆千人。只是他生性俭朴，喜欢粗茶淡饭，饮食中常看不到肉，只有炒韭菜和腌韭菜。

孝文帝看没有人反驳自己，便继续解释说："朕在有生之年，一定要让南北统一，迁都是早晚的事。既然现在你们不让朕南征，咱也不是油盐不进的人，就只好退而求其次，改成迁都吧。洛阳这个地方离南齐近，也好时刻提醒咱们，不能因为一时的苟安，就忘了天下一统的重任！"

众人见当老大的都让步了，而且迁都这件事的确有利于今后国家的发展，一时间也没人出来反驳，只好当场答应下来。孝文帝见心愿达成，笑眯了眼，连忙命令拓跋澄赶回平城，劝说留守当地的官员和贵族加入到搬家的行列。

南征还是搬家？这样的问题同样摆在了平城人的眼前。大家权衡利弊后，觉得打仗这事太不靠谱，失败那是板上钉钉的事，改变不了；至于迁都嘛，现在虽然会对多年积累下来的家业不舍，但是好歹咱到了洛阳以后，还都是贵族不是？只要有这贵族身份，还愁没饭吃、没钱用？

于是，公元 495 年，孝文帝的迁都计划顺利执行。这个北方的民族在皇帝老大的推动下，将首都搬到了洛阳，接下来开始了一场轰轰烈烈的南北大融合的改革运动。

向历史借智慧

走最短的路，还是走最快的路？

孝文帝深谙人心，知道自己如果首先提出迁都的事，肯定会遭到很多人的反对。所以，他先是下达了貌似不可能完成的南征任务，在众人的恳求下，才装作勉为其难的样子，提出迁都一事。大家见皇帝老大都做出了让步，自然就不好再说什么了。人心向来如此，当太高的目标达不到时，退而求其次，选择低一点的目标就容易达成。

做事不可在人后

崇尚汉文化的孝文帝曾经无限向往地说：“南朝那边德才兼备的好官员真是数不胜数啊。”

手下人听到后，便酸溜溜地讽刺说：“没错，他们那儿好官员是挺多的，一年换一回皇帝，不像咱这儿，一百年才换一个老大。”这话一出口，就让孝文帝当场哑口无言。的确，南朝的官员太有本事了，导致当老大的都无法驾驭他们，比如萧鸾。

齐高帝萧道成是萧鸾的叔父，一直对这个侄子很疼爱。等萧鸾长大后，齐高帝对他更是委以重任。谁知，萧鸾的官做得越大，对权力的渴望就越强烈。这不，公元494年，他便枉顾亲情，废掉了小皇帝萧昭文，自立为帝，是为齐明帝。

萧鸾的皇位来得不正当，因此心虚得不行，时刻担心有人觊觎宝座。于是，他任意屠杀宗族大臣，在晚年快要断气的时候，更是把儿子萧宝卷叫到面前来，千叮咛万嘱咐：“你一定要记住，要想保住皇位，做事就不可落于人后！”

庙堂真相

虚伪矫饰齐明帝

明帝萧鸾对外大张旗鼓地宣扬节俭，连他生日时大臣敬奉的金银礼物也不要，让人将其打碎，但他的宫殿却是金玉满堂，华丽非常。一个大臣说：陛下要是还想砸东西，就砸你宫里的那些吧。

说起萧宝卷，这也算是南北朝时代的一个极品皇帝了。这家伙前一秒钟还在默念老爸的遗言，下一秒钟见老爸一命归西被人装进棺材后，便说："当官做事的，就得有点效率，大家赶紧把我老爸给埋了吧。"

众官员当场无语，好半天才有人说："皇上，这好歹是前任老大，咱们好歹要把他的棺材摆几天，让人瞻仰一下吧。再说了，为了彰显您的孝心和我们的忠心，大家还准备大哭一场呢。"

萧宝卷不耐烦地掏着鼻孔，说："要哭你们哭，我喉咙痛，可没那精力干号。"他话刚说完，果真有官员上前号啕痛哭，又是眼泪又是鼻涕的，一激动还把官帽给弄掉了。

萧宝卷定睛一看，不由得哈哈大笑起来，指着这个官员的秃头说："这分明是个大秃鹫嘛，怎么也跑上来丢脸呢？"众官员听得直摇头叹气，暗道自己倒霉，遇上一个昏君。

果真，南齐官员们的霉运开始了。小时候喜欢抓老鼠的萧宝卷，等到当上皇帝后，却喜欢上了射箭。一次，他带着一帮手下出外打猎。当时有规定：皇上出门，所有人等都要回避。谁知这次有个和尚来不及跑远，躲在草丛里的时候被萧宝卷发现了。

庙堂真相

神灭论

萧齐时，佛教的发展引起了部分士人的反对，其中的代表人物是范缜。范缜写了《神灭论》来表达自己的反佛观点。崇信佛教的士人也著文攻击范缜。其中一个叫王琰的人讥讽范缜说："范缜啊范缜，你竟然不知道祖先的神灵在哪里？"范缜针锋相对地回答道："王琰啊王琰，你知道祖先的神灵在哪儿，干吗不跟随而去呢？"

萧宝卷当场勃然大怒："咱明明下了旨，只要朕出宫，谁都不准上街，为什么这些人总是把咱的话当作耳边风呢？哼，既然如此，朕今天就把这老和尚给杀了，以儆效尤！"

周围的侍从有不忍心的，便试图阻止他："皇上，这好歹是一条人命，要不咱这次饶他一命，下次如果再犯，您再将他千刀万剐吧。"

萧宝卷不听众人的劝告，说："咱们是出来打猎的，躲在草丛里的不是猎物还能是什么？难道你们看见猎物了，还会让它逃跑吗？"众人看他铁了心，只好听命行事，把和尚当场射死。萧宝卷在一旁看得起了兴致，也亲自张弓射箭，对着和尚的尸体毫不留情地射了几箭。

萧宝卷爱玩，找的老婆潘玉儿也很爱玩。潘玉儿的出身不好，自己还曾经做过歌伎。不过，萧宝卷可不在乎这些，他对潘玉儿一见钟情，娶进宫后更是对她唯命是从。潘玉儿的老爸以前是个小商贩，萧宝卷为了讨老婆的欢心，便在宫里搭建了一个集市，找来一堆宫女太监，装扮成顾客和卖家。

萧宝卷自己也参与其中，当起了摆地摊的小商贩。至于潘玉儿，

社会风情

士族脸面

南朝齐时有个叫王源的官僚，把女儿嫁给了普通门第的富阳满氏，这一嫁女让他懊悔终身。当时的大文人沈约特意为此写了封信上交朝廷，说王源也不问问对方是士族还是庶族，就把女儿嫁了出去，真是给士族丢脸，并要求朝廷把王源撤职，而且终身监禁。

就扮成在市场里来回巡视的城管。既然是城管，收拾小商贩便成了天经地义的事，潘玉儿也不例外。只要萧宝卷有不对的地方，她就手拿棍棒责打老公，萧宝卷痛得哀求叫唤，却不敢加以驳斥。

他的种种做派，让官员们都看不下去了，而他的两个表叔——江佑、江祀兄弟也经常提醒他，劝他专注于国事。萧宝卷很不耐烦，说："咱现在当了皇帝，好不容易没人敢管了，这两个表叔却罔顾身份悬殊，对我说三道四的，这也太不识趣了吧！"

江氏兄弟不仅经常提醒他要做个好皇帝，还对他身边的手下多加斥责，说他们没一个好东西，使得皇帝近墨者黑，变坏了。这些亲信恨得暗自咬牙，跑到萧宝卷那儿嚼舌根："皇上，江家的兄弟老是嫌您做得不好，分明就是觉得您当皇帝的资质不够，他们不服气。"

萧宝卷听得直冒怒火，而另一边江氏兄弟见侄子实在无可救药，压根儿不是做皇帝的料，便开始寻思要不要更换领导。有个叫刘暄的人得知这件事后，便告诉萧宝卷，说："皇上啊，江家那两兄弟要把您轰下台了，您最好快点想对策啊。"

萧宝卷又惊又怒，突然想起老爸的临终遗言："凡事不可落

野史秘闻

小心萧衍

南齐与北魏作战，南齐取得了胜利。清点战利品时，一个士兵发现了一箱文件，其中，有一封北魏孝文帝刚刚发来的敕书，敕书上写道："听说齐军中有一个名叫萧衍的将军，非常善于用兵，你们如果和他相遇，一定要倍加小心，最好是坚壁不战，等我率大军赶来。如果上天保佑，擒得此人，则江南不难平定。"这个消息很快在齐军中传播开来。从此，萧衍的声威大振。

于人后。”他脚一跺，立刻召集人马，说：“江家有人要造反，咱决定先下手为强，万事以保住皇位为重！”于是，他一声号令，将士们便冲向江家，抓住兄弟二人，送到萧宝卷面前。

萧宝卷眼都不曾眨一下，便举刀把两人斩杀。之后，他还和侍卫、太监们庆祝了一番。他骑上马，在殿堂中来回奔驰，开心地说：“江佑这帮家伙，以前从来都不准我在宫中骑马奔跑，现在好了，他们一死，咱爱干啥就干啥。”他为了永绝后患，把江家的其他亲戚也给一并解决了。

萧宝卷的统治只有四年。这中间，他为了保住皇位，一直谨记老爸的遗言，杀人不手软。然而，这个皇帝没想到的是，只要是昏君，总有意外死亡的一天。

向历史借智慧

上梁不正下梁歪

萧鸾把皇位抢到手，然而却没有帝王的资质和气度，处处防范他人，成了一个真正的孤家寡人。而事实证明，他在家教这方面做得还“不错”。毕竟萧宝卷在任期间，别的没学会，但在如何保住皇位、诛杀异己这方面，倒是跟老爸学了十成。然而，做昏君的永远不知道，想要保住皇位的最好办法并非是铲除异己，而是以贤德和才能让天下人臣服。

萧衍夺齐

萧宝卷当昏君当得很潇洒，一边吃喝玩乐、花天酒地，一边只要一声令下，自然有官员为他处理烦心事。这其中就有一个叫萧懿的官员。

萧懿很忠心，虽然知道自己的领导连扶不起的阿斗都不如，但依然忠贞不贰地为他办事。时间长了，他的功劳越来越大，地位也越来越巩固，这让萧宝卷的手下有些眼红。他们便对萧宝卷说："皇上，萧懿这家伙功劳这么大，有功高震主之嫌啊。"

萧宝卷在皇位的安全问题上一直很敏感，听人这样说，当即便决定："赐毒酒，把萧懿给解决了。"

而当萧懿收到赐死的消息后，尽管万念俱灰，却还不忘提醒领导："我弟弟萧衍在雍州的势力越来越大，皇上您一定要多加留意才是。"

萧懿最终死了，远在雍州的萧衍按捺不住了。开玩笑，老哥这么忠心的一人，最后都被萧宝卷给杀了。咱这个天天偷着练兵

庙堂真相

痴情东昏侯

东昏侯萧宝卷对潘玉儿"步步生莲花"的一双玉足无比热爱，时常捧在手里又吻又咬。有时他把潘玉儿咬疼了，潘玉儿便用杖打萧宝卷的背，而萧宝卷毫不发火，一副顺从的样子。萧宝卷本来荒淫无度，到民间广选美女，始乱终弃，但对潘玉儿却死心塌地，痴情得一塌糊涂。

的人，如果不反抗，难道会有好结果？于是，他召集属下，商量起兵造反的事。

其实，萧衍也是萧家皇族的一分子，他老爸是齐高帝萧道成的族弟。萧衍从小在才华方面就高人一等，得到很多人的称赞。萧鸾想做皇帝的时候，萧衍还协助他，给他出谋划策。也正因此，萧鸾当上皇帝后，他的地位也渐渐显赫起来。到萧宝卷即位后，他对于皇权也越来越渴望。

另一边，萧宝卷得知他的反心后，也开始为双方的大战做准备。他很有信心，暗说："咱是命定的天子，前几次的叛乱都被咱轻松搞定，这一次有啥好担心的？"

萧衍举兵起事后，大军一路横行无阻。萧宝卷在收到消息后，也不着急，依然谈笑风生："放心吧，咱在平叛这方面累积了不少经验，萧衍那家伙指定成不了大事。"于是，他该吃吃，该喝喝，还在心血来潮的时候，让人用金银给自己做铠甲，在上面插满羽毛、宝石等装饰品。这还不够，他为了达到华丽出场的效果，又命人把他的马也披上银制的铠甲，插上孔雀羽毛。

将士们看他奢华无度，就提要求说："您老倒是成天享受，

庙堂真相

竟陵八友

萧衍还是一位文学人士，齐武帝萧赜永明年间，他和沈约、谢朓、王融等一大群文士集合在竟陵王萧子良的左右，形成了一个文学群体，史称"竟陵八友。"他们作诗强调声韵格律，形成了不同于魏晋的诗风"永明体"。"永明体"为唐代格律诗的产生和发展奠定了基础。

咱们这些为您出生入死的人，难道不该有点奖赏吗？”

萧宝卷把脸一沉，冷声说：“那些叛贼一路打过来，杀了你们这么多的弟兄，你们咋不向他们要东西呢？告诉你们，朕的日子过得紧巴巴的，啥也没有。”

萧宝卷太抠门了，不仅不给士兵奖赏，当萧衍攻打都城建康时，将士们想用木头去加固城防，他还说要用这些木片来修宫殿的大门，死活不让用。终于，有个叫王珍国的守将受不了了，私下里联络了一帮宫中的太监和侍卫，说：“这皇帝太不厚道了，咱们还是弃暗投明，拿他的人头去向萧衍邀功吧。”

一天晚上，萧宝卷在吃饱喝足后，正准备上床睡觉，突然听到喊杀声。他一个激灵，大叫一声“不好”，便赶紧冲出房门，试图从后宫逃跑，叛变的士兵在后面紧追。当他跑到宫门的时候，发现大门紧闭，而追兵们已经赶到。

他勉强定住心神，大喊一声：“朕是皇上，你们这帮奴才是要造反吗？”众人见他手上连个兵器都没有，也不搭理他，直接冲上去，一刀结果了他的性命，割下了他的脑袋，到萧衍那里领功去了。

名臣风骨

红枣换栗子

南朝梁武帝萧衍与兰陵人萧琛是老相识，一次两人闹着玩，武帝用红枣投掷萧琛，萧琛便拿起栗子还掷武帝，正好打在武帝的脸上。武帝勃然大怒，说：“你怎么敢这样？你忤逆犯上，还有什么话可说？”萧琛机灵，回道：“陛下用一颗赤心投臣，臣敢不用战栗来回报陛下吗？”

就这样，萧衍顺利消灭了萧宝卷，并扶持萧宝融登上了帝位，而他自己也成了一人之下万人之上的幕后掌权者。他大权在握，自然不甘心只在幕后活动，一心想当个真正的老大。

好友沈约对他也很看好，便跑来找他，说：“咱们南齐现在就指着兄弟你了，怎么，有没有想过再继续往上爬爬，登上事业的顶峰？”

萧衍暗爽，表面上还是诚惶诚恐地说：“咱现在也算是位极人臣，没其他要求了。你可别乱说话啊。”

沈约见一次不成，又提第二次，萧衍这才支支吾吾地说：“往上爬哪是这么容易的事？你让我再想想吧。”谁知，他这一想，就想起后宫的两个美女来了。本来嘛，英雄都有过不了美人关的时候，萧衍天天跟美女厮混在一块儿，连篡位这事都被抛在脑后了。

有人着急了，便跑来劝他：“不就是两个美女吗？等你当上皇帝以后，想要多少有多少。但如果你一直屈居人下的话，别说美女了，早晚有一天可能连恐龙都见不着。”

萧衍听后，觉得很在理，暗自握拳：“为了美女，我这皇帝

庙堂真相

密函箱

梁武帝下令在宫门前设立两个盒子：一个是肺石函，一个是谤木函。如果功臣和有才之人，有功而没有受到赏赐和提拔，或者没有量才使用，都可以往肺石函里投书信。如果是一般的百姓，想要给国家提批评或建议，可以往谤木函里投书。

是当定了。”没多久，民间就开始有传闻，说萧衍是命定的天子，而沈约等人也趁势逼迫萧宝融退位。萧宝融虽然是皇帝，但从即位以来，大小事都由萧衍打理，他在朝中根本没有影响力。无奈之下，他只好写了禅让书，让人送去给萧衍。

毕竟是篡位，萧衍虽然很想接下禅让书，但表面上依然很谦虚，说自己没有担当大任的资格。于是，他的好友领着一百多个官员前来拜见他，还自称“臣下”，说：“您倒是快点登基啊，都这种时候了，表面功夫随便做做就行了。您要是再不上任的话，到时候出了啥问题，可别赖在咱们身上。”

终于，公元502年，萧衍正式即位为帝，改国号为梁，史称梁武帝。之后，他为了永绝后患，逼迫萧宝融吞金自杀。

向历史借智慧

名正，才能言顺

但凡篡位夺权的人，其实私底下做的勾当都见不得人。然而，真等自己的心愿快达成、皇帝的位子快要坐上去的时候，他们便表现得越发谦虚谨慎。原因无他，一来是要给下属们留下一个好印象，二来是担心自己的所作所为会被后来者效仿，危及自身的地位。可见，篡位夺权已属不易，然而要想做到名正言顺，恐怕就更是难上加难了。

胡太后临朝

北魏的皇家有规定：如果嫔妃的儿子做了皇帝，那么她本人就要被处死。这其实是为了防止出现汉朝那种太后和外戚专政的情况，不过也正因为这样，北魏皇帝的君权才有了保障。然而，这样一来，宫里的嫔妃都不愿意生儿子了。毕竟就算儿子将来能当上皇帝，但自己连命都没了，还拿什么享福？

坐上皇位的宣武帝元恪为此很苦恼，他都二十多岁了，老婆一大堆，可是没一个人愿意为自己生儿子。就算有一两个怀了孕，没几天也会出意外，不是自己不小心跌倒，就是一脚踩空掉进湖里，母亲的命是保住了，但流产却不可避免。更有甚者，有流产失败的嫔妃为求保命，便在生下儿子后，忍痛把亲生骨肉弄死。元恪很郁闷，毕竟他再强，也赶不上这些女人的流产速度。

这时，一个姓胡的妃子站出来，对他表态："皇上，我愿意为你生儿子！"这可把元恪乐坏了，心中大喜，原来这世界还是有希望的，看，这不就有一个不惜牺牲性命，也要给自己生儿子

野史秘闻

"毫无功德"的梁武帝

据说，达摩老祖最初从印度来到中国时，听说了武帝萧衍崇佛，于是前往拜访。两人见面后，萧衍问道："我登基以来，建造寺庙、抄写经书、度人出家不可胜数，有什么大功德？"达摩的回答很断然："毫无功德。"佛教最初传入中国，劝人施舍金银等来积累功德，以脱离生死轮回。但达摩的佛法讲究心灵的超脱，自然给了萧衍否定的回答。

的伟大女性吗？

胡氏很伟大，周围的人感动之余，还是好心劝她：“你别拿自己的性命开玩笑了，如果你真不小心生了儿子，将来他当了皇帝，你也没那福气享福不是？还不如趁早打胎得了。”

胡氏义正辞严地拒绝：“我这是为了天下的黎民百姓着想，如果当皇帝的没有子嗣继承皇位，那天下就会大乱，到时咱们也没好日子过了，不是吗？”而她自己为了能生儿子，私底下更是经常去拜佛，求神明保佑自己能生个儿子。

终于，她的诚心得到回报，元恪的长子诞生，而她也得以母凭子贵，在宫里的地位上升了一大截。可惜，还没等她爬上皇后的位子，老公元恪就早早病逝，留下他们母子两个。

这下高皇后开心了，自己早就看胡氏不爽，现在她儿子要继承皇位的话，杀她不就成了天经地义的事了吗？在她开始筹划杀胡氏的时候，官员崔光、于忠等人得知了这件事，便偷偷派人把胡氏藏了起来。

后来，高皇后被人害死，胡氏重获天日，众人感到庆幸之余，便把“子贵母死”这条规矩抛到九霄云外。毕竟小皇帝只有五岁

野史秘闻

张敬儿之死

南齐名将张敬儿，小名狗儿，弟弟张恭儿，小名猪儿。张敬儿想自立为帝，大造舆论，让小孩子们都唱一首歌谣：“天子在何处，宅在赤谷口；天子是阿谁？非猪如是狗！”赤谷口就是他们家所在的地方，“非猪如是狗”，反正即将要当皇帝的不是张猪儿就是张狗儿。这歌传到齐武帝那里，还没等张敬儿动手，齐武帝就把他杀了。

不说，大家又学了这么多年的儒家思想，怎么能草菅人命呢？就这样，胡太后正式登上北魏的政治舞台，开始长达十数年的统治。

太后很信佛，尤其是在生了儿子后，越发觉得菩萨是个好东西。于是，她掌握大权后，最先想到的就是打造佛像、广建寺庙。她为了显示自己对佛的信仰，专门找人在皇宫的南边修建了著名的永宁寺。

这座寺庙中的塔高九十丈，共有九层，上面还加盖了十丈高的宝刹，总共有一百丈，是当时洛阳城中有名的地标建筑。当人们站在塔顶的时候，便能看遍整个洛阳城的景致。它的外观看起来高耸入云，而内部更是极尽奢华，每一层浮屠都是豪华装修，金银饰品随处可见。至于寺中的佛像，有高一丈八尺的纯金实心佛像，有跟真人一样大小的实心金像，还有用玉石打造出来的巨大佛像。等到夜深人静的时候，浮屠塔的风铃随风摆动，在十里以外的地方都能听到铃声。

按理来说，修建这样一座寺庙，花费的钱财和人力绝对不少，可胡太后丝毫不以为意。她在看到竣工的永宁寺后，满意地说："这佛寺修得太好了，我觉得应该在全国各地都兴修寺庙，让百

名臣风骨

数学家祖暅之

祖暅之是著名数学家祖冲之的儿子，他继承家学，首次得出了计算球体体积的正确公式。《九章算术》正确解决了圆面积和圆柱体体积的计算问题，但关于球体体积的计算公式却是错误的。祖暅之通过研究，得出了一个"祖式公理"，正确解决了球体体积的计算问题。

姓们时时都有佛拜。”

她的命令发出去后，各地的官员们都放下手中的事务，加入建造佛寺的队伍，而百姓们也从中发现和尚是个好职业，不但有钱拿，还能逃过各种徭役兵役。为此，很多人都跑去当和尚，全国的寺庙高达三万多座。

胡太后统治初期，经过前几个皇帝的苦心经营，国库里的钱多不胜数。她接手后，发现老祖宗留下这么多的钱财，当时就笑眯了眼，暗下决心："永远不要小瞧一个女人花钱的本领！呵呵，既然咱上台了，不把它们花完就实在对不起自己。”

于是，她不仅忙着给自己添首饰衣服，还经常无故赏赐官员们。一次，她领着众人去视察国库。她一高兴，便指着那些堆积成山的绫罗绸缎说："姐今天心情好，这些东西我都不要了，你们能搬多少就搬多少。”

官员们不由得欢呼起来，之后就开始搬运布匹。其中有个六十多岁的官员，他年纪大了，本来身体就不好，因为一次抱了太多布匹，不慎摔倒。胡太后见了，皱着眉说："既然你搬不动就别搬了，这些布匹就送给我手下吧。”话刚说完，她的手下就

社会风情

羞死石崇

距离石崇两百年后，有一个人叫嚣着要跟石崇比富，这就是北魏河间王元琛，他的名言是："不恨我不见石崇，只恨石崇不见我！"意思是石崇见了他也得羞愧而死。这一时期还有一个李昊，在前蜀和后蜀做高级官员达五十多年，贪污的钱财富可敌国。他在读了王恺和石崇的传记后，讥笑道："这两小子还号称有钱人，日子过得简直像乞丐。"

一拥而上，把这些布匹一抢而空。

胡太后不仅爱佛、爱钱，还爱帅哥。当时，孝文帝有个儿子叫元怿，是国内出了名的花美男。胡太后见到后，按捺不住了，咬着手绢发誓，一定要把对方勾到手。有人在一旁敲警钟，说：“元怿是挺帅的，不过您可是人家的嫂子，好歹也要顾及一下身份不是？”

胡太后忙着犯花痴，睁着一双星星眼，柔声说：“爱情面前，是没有这么多顾忌的。”于是，她半强迫半勾引地搭上了元怿，两人经常毫无顾忌地在宫中同吃同睡。

后来，她又看上一个叫杨华（原名杨白花）的将军。杨华吓坏了，暗说：天下这么多帅哥，我咋就这么倒霉，让她给看上了呢？他一来担心以后胡太后失势，自己会受到牵连；二来觉得国家一天不如一天，索性一不做二不休，便带着一帮手下，投奔南梁去了。

胡太后失恋了，很伤心，还专门写了一首诗，吟唱了小半年：“春风一夜入闺闼，杨花飘荡落南家。含情出户脚无力，拾得杨花泪沾臆。”

她把持着朝政，逍遥地过了十来年，直到儿子长大成人。底

社会风情

有钱也小气

西晋大富翁和峤，家里有的是钱，人却相当小气，人称“钱痴”。他家的李子树，李子丰收，弟弟吃了李子，和峤竟然也按市场价找弟弟要李子钱。北魏官僚崔和也是一吝啬鬼，有钱舍不得用，全部埋在地窖里藏着，自己穿得破破烂烂的，跟乞丐一般。他老妈想吃口咸菜，崔和也舍不得买。没想他儿子却挺大方，暗地里把他藏的钱全卷跑了。

下的官员们见小皇帝终于能独当一面了，都想让她交出手中的大权。胡太后死也不肯，还暗说：“咱治国的经验丰富，儿子怎么能跟我比？不是咱不愿意交出来，而是儿子没本事啊。”

后来，她为了彻底堵上众人的嘴，索性用毒药把自己的儿子毒死，立刚出生一个月的小孙子为皇帝。没几天，她又对外宣称皇帝其实是女孩儿，重新改立一个三岁的幼童当皇帝。

众人终于受不了了，叫骂起来：“你年纪都一大把了，怎么还不知消停呢。难道改立皇帝这个游戏很好玩儿吗？”大将尔朱荣最先受不了她，便把她和新皇帝抓住，一块儿扔河里淹死了。

向历史借智慧

舍不得孩子套不着狼

中国古代的女人要想成功上位，执掌大权，都少不了老公和儿子这两个踏板，比如武则天。她当皇帝之前，总是站在老公和儿子的背后，当真正的操盘手。等到自己当上皇帝，又一脚把儿子踹出了长安城。可见，我们每做一件事，都要付出相应的代价。也正因此，在做事前，更应该考虑清楚，将要付出的代价是否值得，而自己又能否直面即将到来的失去？

第四章　分久必合

历史向前发展，北朝发生巨变，权臣高欢和宇文泰分别于公元534年和535年各自立北魏皇族后裔为帝，高欢所创建的是东魏，宇文泰所创建的是西魏。北魏从此灭亡。不久后，高欢的后代和宇文泰的后代废掉傀儡皇帝，各自建国，高氏所建为北齐，宇文氏所建为北周。南朝也发生了惊天巨变，一位叫侯景的北魏大将投降到南朝梁帝国，接着掀起造反巨浪，梁帝国经此一击，退出历史舞台。接着南朝最后一个帝国陈朝登场，陈是南朝中地盘最少、实力最弱的一个王朝。

当南朝陈沉浸在歌舞升平中时，北方又发生巨变，北周灭掉北齐，统一了北方。但历史没有把重任交给北周，而是交给了英雄人物——北周权臣杨坚。公元581年，杨坚篡夺北周，建立隋朝。他再用八年时间养精蓄锐，公元589年，隋朝大军跨过长江，灭掉南朝陈帝国，南北朝从此终结。

宇文泰立西魏帝

不得不说，北魏的六镇是个出人才的好地方。自从六镇起义后，葛荣、高欢、宇文泰这些人趁势而起，在当时的乱世中开始逐鹿天下。

相比葛荣，高欢和宇文泰明显强多了。他们一个在晋阳混得风生水起，一个在关中发展壮大。其中，宇文泰更被时人评为潜力股，就连孝武帝元脩都跑来投靠他。这不，永熙三年（公元534年），远在洛阳的孝武帝就化想法为行动，奔赴关中而去。

说起孝武帝，他最初不过是一个亲王的儿子，跟皇位继承人压根儿搭不上边。不过，高欢在打败掌控大权的尔朱兆后，就把他扶上台，让他当起了傀儡皇帝。能当皇帝本来是好事，可如果是个傀儡皇帝，那境况可就大大不同了。

你想想，皇帝本来是天下人的老大，结果却被人踩在头上，让你往东你不敢往西，这事搁谁身上受得了？孝武帝很不甘，暗下决心："我一定要摆脱这种窝囊日子，做个真正的老大！"他

庙堂真相

柱国大将军

这是北魏末期用来安置权臣的官职。尔朱荣、尔朱兆、高欢先后继任。西魏文帝时，宇文泰为之，简称柱国，是西魏的最高官职。公元551年以前，西魏共任命了八人，称八柱国，其中六人分掌全国府兵。北周后任命的人就多起来，成为和实职脱钩的勋官（有品级而无职掌）。

势单力薄，在高欢面前没本事翻云覆雨，找人帮忙就成了顺理成章的事，而宇文泰就这样进入了他的视野。

宇文泰也曾经参加过六镇起义，在鲜于修礼和葛荣的手下打过工。后来，尔朱荣解散起义军，他便转而投靠了尔朱荣的部下——贺拔岳。尔朱氏失败后，贺拔岳成了高欢的部下。贺拔岳是个能征善战的大将，他占有关中后，虽然表面上还管高欢叫老大，不过自立门户的征兆已经渐渐显露。高欢着急了，他本来还一直想把关中揽入自己怀中，可现在倒好，手下要单飞，关中这块地岂不是要泡汤？

为了不让自己的如意算盘落空，他就想把贺拔岳征召到自己眼皮底下，方便管制。贺拔岳不是傻子，自然拒绝了他的邀请，可还是放不下心。宇文泰见状，便说："如果老大不放心的话，那咱就亲自去帮你打探一下情况。"

这时候，不管是高欢，还是宇文泰，都不曾想到他们日后会成为死对头。相反，高欢在第一次会面中，还对宇文泰青睐有加。没办法，乱世当中最需要的就是人才了，而宇文泰年轻有为，沉着又善于谋划，这样的人才要是能抓在手里的话，十个关中都不

庙堂真相

大乘教起义

北魏佛教盛行，而僧人内部政治、经济地位相差悬殊。最高统治者有时支持一派，打击另一派。公元515年，冀州僧人法庆发起了大乘教起义，公开宣称"新佛出世，除去旧魔"。起义延续了近两年，北魏政府动员了十万军队才镇压下去。这之后，北魏政府为了强化这一地区的统治，割冀州的乐陵郡、瀛州的浮阳郡设置了沧州。

成问题。可惜，宇文泰很坚定地拒绝了他，并表示：“咱誓死都要当贺拔岳的小弟！”之后，宇文泰便在半夜的时候，打包离开。等高欢派人去追，才发现为时已晚。

后来，贺拔岳过世，宇文泰便抓住时机，接手了关中事务。作为想摆脱傀儡生涯的孝武帝，一直都很关注他的动向，现在见他掌管关中，便假意对高欢说：“宇文泰现在已经壮大，如果再不除的话，恐怕以后就不好驾驭了。要不我派兵去讨伐他？”

高欢大手一挥，拒绝说：“您还是待在宫里好好享福吧，打仗这种事我来就行了。”

孝武帝郁闷死了，咱还想着趁讨伐的空隙，能够逃离你的魔掌呢，现在倒好，讨伐都不用咱出马，哪里还有退路？他万般无奈，只好彻底跟高欢摊牌：“你一个做手下的，居然妄想掌控我这个老大。告诉你，朕从今以后不跟你混了！”这话一出口，把高欢气得暴跳如雷，暗说你能当老大，还不都靠我走后门吗？现在竟然想单飞，没这么容易！

于是，在孝武帝领军出走后，高欢立刻派出大军，一边想阻止皇帝和宇文泰这些家伙会合，另一方面也想来个一箭双雕，顺

庙堂真相

北魏边关镇戍制度

北魏朝廷在边关派大将率大军屯守，建立起镇戍组织。各镇大小不一，配兵多者上万，少者也有千人。镇的地位相当于州，镇都相当于都督数州军事。北魏北边只设镇，东、西、南边州、镇并设，镇下设戍。戍兵以队为基本编制，每队约两百人。这之外，在一些重点地区还设有护匈奴、乌桓、羌等中郎将或校尉，率领专门的军队进行镇防。

便灭了宇文泰。可惜，孝武帝虽然在皇帝这个职业上没啥建树，但却是天生的逃跑行家。他一路撒腿狂奔，高欢拼尽全力，愣是追不到他。

终于，孝武帝到了长安城，宇文泰恭恭敬敬地把他迎进皇宫。他满以为自己这次终于能当上名副其实的老大了。然而，事实并非如此，因为关中的老大是宇文泰。孝武帝彻底绝望了："原来咱折腾半天，不过是换了个幕后操纵者，傀儡命还是没变啊。"

改变不了命运的孝武帝灰心丧气之余，便决定："从今以后再也不跟自己过不去了，咱要好好享受人生。"于是，他把自己的堂妹封为公主，留她们在宫里长住。没多久，兄妹相恋的绯闻就传遍了关中大地。

宇文泰觉得很没脸，怎么以前好好的一个皇上，现在到了我这儿，就玩起乱伦这套了？他跑去劝说对方："您好歹还是一皇上，应该给天下人做个表率不是？怎么能放任自己，跟妹妹们同吃同睡呢？"

孝武帝嗤之以鼻，回答："我整天没事做，好容易有点儿兴趣爱好，你就别来搅局了。"

庙堂真相

北魏的分裂

从公元 528 年到 532 年的短暂时间里，北魏首都洛阳迎来了四位征服者：尔朱荣提着屠刀，带着士兵耀武扬威地来了；陈庆之率七千白袍战士纵横三千里，兵不血刃地占领了洛阳；尔朱荣被杀后，尔朱兆又杀进来报仇；高欢趁机崛起，打败尔朱氏，进了洛阳。高欢迁都邺城后，北魏走向分裂。

宇文泰见对方不听劝告，火气也上来了，当下决定："换皇帝！"于是，他找了个借口，把孝武帝喜欢的平原公主——元明月骗出宫，将其杀害。孝武帝知道后，跟他的关系日益恶化。

就在这一年，宇文泰先下手为强，毒死了孝武帝，扶持元明月的哥哥——南阳王元宝炬上台，史称西魏文帝，而曾经的北魏也至此分裂。

向历史借智慧

面对有才干的下属，如何驾驭？

南北朝的强人很多，无论是高欢还是宇文泰，都是能够雄霸一方的霸主。而作为老大的孝武帝，自然会表示压力很大。其实，下属比上司强的情况实在多不胜数，能够驾驭好属下的上司，却是不多见的。这种时候，一味地逃避或打压显然不是好办法，倒不如恩威并施，展现自身宽容的一面，让人心服口服。

高欢立东魏帝

宇文泰立元宝炬为帝，使得北魏正式分为西魏和东魏。其实在他之前，高欢已经在洛阳立了元善见为帝，史称东魏孝静帝。

高欢跟宇文泰一样，也参加过六镇起义，后来见尔朱荣很有潜力，便毅然决然地投靠了对方。事实证明，高欢的眼光到底是差了点，因为六镇起义失败后没多久，尔朱荣就被孝庄帝元子攸杀死了。

孝庄帝跟孝武帝元脩一样惨，都是傀儡皇帝命。不过，前辈就是前辈，在对付大臣方面，孝庄帝可是要成功多了。当时，尔朱荣的权力越来越大，孝庄帝为了保住皇权，便暗中联系一些反对他的官员，商量着要除了他。

尔朱荣的亲信们探听到这事后，赶紧向他报告。尔朱荣却不以为意，说："这小子不过就是个傀儡，你们还真当他能反了啊？"他不但不听众人劝告，还决定去洛阳捞好处，美其名曰"看望快要生孩子的皇后"（皇后是他女儿）。

野史秘闻

铸像立君

北方少数民族有一个习惯：为将要被立为君主的人铸铜像以请示天意，铜像铸成，说明此人受命于天，可立为君；铜像铸不成，则此人不得为君。河阴惨案后，尔朱荣想称帝，先后为自己铸了四次铜像，都没有成功，只好郁闷地放弃称帝。

然而，当他一路行进到洛阳附近时，又听到皇帝要杀他的传闻。尔朱荣不由得警惕起来，刚一进洛阳城就跑去见孝庄帝，问："外面的人都说你要杀我，是不是真的？"

孝庄帝心里不由得咯噔一下，不过表面上依然镇定自若，还反问他："我也听说你要杀我，那我又该不该相信呢？"

尔朱荣这才嘿嘿一笑，说："外人的话，咱们怎么能相信呢？"之后，尽管诛杀他的谣言一直没间断过，但他也不再当回事，只管安心待在洛阳城享福。

一天，孝庄帝派人来传话，说皇后即将生产。尔朱荣乐得笑开了花，边往宫里赶边向众人炫耀，说自己快要当外公了。谁知，等他进宫后，还没坐定呢，孝庄帝的手下就突然提刀冲过来。此刻他才意识到，自己大难临头了。

尔朱荣惊得立刻站起身，朝孝庄帝飞奔过去，准备挟持对方。孝庄帝早有防备，看他冲过来也不躲闪，只是微微弯腰，拔刀出鞘，狠命向他刺去。就这样，曾经横行霸道的尔朱荣当场丧命。

虽然尔朱荣死了，不过尔朱氏的势力还是很大，其中就有一个叫尔朱兆的。尔朱荣还没死的时候，就曾经问众人："如果我

庙堂真相

韩陵之战

尔朱荣死后，尔朱一家窝里斗起来。等高欢成为他们的共同敌人后，大家就联合起来讨伐，尔朱天光从长安出发，尔朱兆从晋阳举兵，几路大军共二十万人与高欢的三万人马对峙于韩陵（今河南安阳）。高欢用牛驴绑在一起堵塞了自家军队的退路，置之死地而后生，一战打败了尔朱氏联军。

哪天死了，你们觉得谁能够继承我的基业？”

众人想都不想，径直回答：“当然是您的侄子尔朱兆了。”

尔朱荣摆摆手，说：“尔朱兆不行，他也就小打小闹还凑合，真正能够统领我大军的只有高欢一人。”现在尔朱荣死了，有人便劝尔朱兆，为防后患，最好把高欢给除掉。

杀人对尔朱兆来说，简直就是小菜一碟。他被众人一激，便挽起袖子，说要尽快把高欢给解决了。谁知，等到高欢来灵堂前拜祭尔朱荣的时候，他又改变主意了。没办法，对方在演技方面堪称实力派。只见高欢刚一进门，就双眼一红，扯开嗓子一嚎，眼泪鼻涕齐上阵，嘴里还哭道：“老大啊，你怎么死得这么惨啊！”

尔朱兆在一旁看了，触景生情，也不由得红了眼眶，暗说：“此情此景，真是太感人了！呜呜呜……高欢这么忠心的一个人，我如果把他杀了，不就太不厚道了吗？”他一心软，旁边的手下着急了，都劝他尽快动手。

尔朱兆红着眼眶，大骂：“住口！你们也太铁石心肠了吧？你看人家哭得比我还伤心呢，怎么会造反呢？”之后，他不仅没杀高欢，还准许对方带兵离开。

庙堂真相

东西魏的五次大战

公元536年潼关之战，宇文泰胜；公元537年沙苑之战，宇文泰以少胜多；公元538年河桥之战，公元543年邙山之战，双方基本打平；公元546年玉壁之战，玉壁城守将韦孝宽以数千人击退高欢十万大军。高欢忧愤而病，让斛律金唱《敕勒歌》：“敕勒川，阴山下，天似穹庐，笼盖四野。天苍苍，野茫茫，风吹草低见牛羊。”高欢亲自和唱，泪流满面。

他的手下连忙阻止他："您怎么能放虎归山呢？再说您手下又不缺带兵打仗的人才，杀了他也没什么损失的不是？"

尔朱兆实在架不住众人的劝说，只好带兵追到黄河边，拦住高欢，邀他来自己的军中相见。高欢不愿意，一会儿说自己肚子痛，一会儿说事务繁忙走不开。尔朱兆也懒得废话了，直接说："你不来算了，我过去总行了吧？"于是，他单枪匹马地来见高欢。

两人一见面，高欢就抱住他，痛哭着说："老大死了，咱今后就只能指望您了。"尔朱兆豪迈地拍拍胸脯，让他一切放心，自己今后还要重用他呢。高欢千恩万谢，还邀请他在自己的军帐中住下，跟他聊了一晚上的知心话。

高欢的手下便跟他说："现在尔朱兆毫无防备，您怎么还不动手把他除了呢？" 高欢阴森森地笑道："尔朱氏又不是只有这一人，他今天死了，后边还有好几个'尔朱兆'排队呢。我不杀他，正好可以让他们内斗去，咱们只管坐收渔翁之利。"

后来，高欢在自己的地盘上发展壮大，直到尔朱兆打了场败仗，他才趁乱而起，拉开了讨伐尔朱氏的大旗，并立元朗为帝，正式加入逐鹿天下的队伍。他的军队屡战屡胜，还把大军开进洛阳城，

名臣风骨

猛人古弼

北魏拓跋焘时，有个叫古弼的官员，猛人一个。某次，他有事找拓跋焘。拓跋焘却和另外一个大臣在下棋，根本没空理他。古弼突然就冲上去，一把打掉那位大臣的帽子，抓住他的头就往棋桌上撞，那位大臣像杀猪一样嚎叫。古弼又揪住那大臣的耳朵，把他拉下凳子，拳打脚踢。拓跋焘赶紧劝架，说，人家陪我下棋，是我的责任，你打人家干什么。古弼这才住手。

让孝武帝做了空头皇帝。

然而，孝武帝不是个甘当傀儡的主，后来竟公开和他决裂，跑去投靠了宇文泰。高欢很郁闷，暗说您在哪儿都是当傀儡，咋就不愿意帮帮我呢？于是，在孝武帝逃走的这一年，他找来了孝文帝的曾孙——元善见，立其为帝，史称孝静帝。东魏的历史由此展开。

向历史借智慧

骄兵必败

尔朱荣也算是能征善战的人物，但他却想不到，自己会死在他最看不起的孝庄帝手上。原因无他，只因为他太过轻敌，骄傲自满。骄傲是人之常情，不过我们在为人做事时，如果轻视对方，高估自己，所面临的就只有失败这个结局了。

梁武帝被饿死

寒山之战后，萧渊明便被高澄请到东魏去做客。要说这家伙打仗不行，但心理素质可算是一等一的好。他在东魏期间，依然好吃好睡，饮酒作乐这种事更是没落下。

时间一长，高澄看不下去了，心说咱把你俘虏过来是想看你痛苦的，没想到你竟在我的地盘上过起好日子来了。不行，一定要废物利用！于是，他把萧渊明找来，故作诚恳地说："其实我刚上任没几天，压根儿没想跟你家叔叔交恶。要不是侯景那家伙造反，我本来还要跟你叔叔结盟呢。现在你既然在我这儿做客，要不就帮我跟他提提交好的事，事成之后我就送你回国，咋样？"

萧渊明信以为真，当下就写信给武帝，说："叔叔啊，侄儿可想死您了啊。我来到东魏以后，才发现高澄这小子挺地道的，要不您考虑一下跟他结盟的事，侄儿也好回国不是？"

武帝虽然信奉佛教多年，但对亲情还是很重视的，他看到萧渊明的信后，立刻一把鼻涕一把眼泪地哭了，并表示："谈和结

庙堂真相

《昭明文选》

《昭明文选》是萧衍的长子萧统招集文人学士，从三万卷书籍中编选出的，是中国古代第一部文学作品选集，对后世影响较大。其"事出于沉思，义归乎翰藻"的选文准则，为后世推崇。萧统曾被立为太子，后因"蜡鹅厌祷事件"（萧统因丁贵嫔墓地不利于长子而埋蜡鹅等物厌祷）与萧衍有嫌隙，于公元 531 年去世。

盟这种事太简单了，只要能让侄儿回来，啥事都好说。”

他这边想把萧渊明接回来，那边侯景却着急了。他自从归顺南梁以来，一直都享受着贵宾级的待遇，这对于他本人来说，简直有做梦的感觉。你想想，他这一辈子打了不少仗，也跟过好几个领导，虽然都受到重用，但人人都像防贼似的防着他。而现在到了南梁后，梁武帝却对他礼遇有加，这让他怎么能习惯呢？

过惯了苦日子的侯景很不适应，三天两头就做噩梦，担心梁武帝是所有老大中最阴险的一个，想要趁自己不备的时候暗害自己。也正因此，他打听到武帝想跟高澄交好的消息后，立马写信抗议：“皇上啊，咱现在之所以在您手下打工，就是因为跟高澄那小子闹翻了。您现在跟他谈和的话，咱以后还怎么在您这儿混？”

武帝一心惦记着侄儿的安危，并不把他的质问放在心上，只随便敷衍了几句：“你放心吧，我现在只是跟高澄交个朋友。之前我既然答应要收你当手下，那就不会言而无信，你只管做好本分工作就行了。”

侯景千万个不信，暗说：“你们这帮搞政治的，说的话有几句是真的？哼，咱要是信了你们，还能活到今天？”于是，认定

野史秘闻

半面妆

梁元帝萧绎瞎了一只眼，最恨别人拿这个取笑他。偏偏他老婆徐昭佩有意逗他玩，萧绎去老婆房间，徐夫人化妆就只化一半，超酷，每次都惹得萧绎大怒而出。

武帝虚伪奸诈的他，便想出一条计策，来试探对方的虚实。

没几天，武帝突然收到高澄的信件，信中说："想要你侄儿，就拿侯景来换。"其实，这封信是侯景伪造的，为的就是看看武帝是不是真心把他当自己人看。

武帝不疑有诈，拿到信后不由得松了口气："这下好了，侄儿马上就能回家了。"有官员上前阻止他："皇上，人家侯景刚投降没几天，你就想出卖他，这事传出去，天下人会说你不地道啊。再说了，侯景这人很有本事，你如果把他卖给高澄的话，他一个狗急跳墙，反咬您一口也是有可能的。"

武帝总是个在关键时候掉链子的人，他此刻只想把侄儿救回来，其他的早就不管不顾了。他不听众人的劝告，写了回信："只要我早上见到萧渊明，下午就把侯景送过去。"

侯景收到这封信后，阴森森地笑了："我就说嘛，武帝这家伙虚情假意，还好我从一开始就没信过他。"

手下见他不怒反笑，都心惊胆战地问他准备怎么做。他当即回答："造反！"的确，在他看来，东魏那边的军队还能让自己却步，但南方这些将士根本不堪一击，没准自己从此以后不用再

名臣风骨

猛将彭乐

北齐大将彭乐跟北周人干，北周人一刀下去，彭乐肠子都出来了，结果彭乐把肠子塞回去继续跟北周人死磕。同样的事情发生在清朝，施琅攻台湾，施琅的先锋蓝理被炮弹打伤肚子，肠子流了出来，蓝理同样把肠子塞回去继续冲。

给人打工了，能自立为王，搞一番轰轰烈烈的事业呢。

不过，他毕竟是在造反方面有经验的人，再也不会像以往那样，直截了当地向天下宣告造反一事。这一次，他打出要为武帝和天下百姓铲除奸臣朱异等人的大旗，名正言顺地起兵造反了。

武帝听说他造反的消息后，不仅不着急，还反过来给下属宽心："你们放心，侯景那家伙三天两头地造反，手上那点兵力哪够他折腾的？咱只要随便派点兵过去，几分钟就能把他解决了。"他想得倒轻松，可侯景这次的谋反犹如天助，一路上轻轻松松，眼看就要打到首都建康来了。

屋漏偏逢连夜雨，就在侯景的大军横行无阻时，武帝的侄子——萧正德也背叛武帝，跟他伙同起来，想从中谋利。侯景很给他面子，说你既然帮我，那咱就让你称帝吧。于是，公元548年的一天，萧正德堂而皇之地登上皇位。武帝听说后，气得浑身发抖，颤巍巍地说："我还没死呢，这帮家伙就上演了立皇帝的戏了。哼，既然如此，我就跟他们死磕到底。"

武帝打定主意死扛到底没啥，但是他儿子萧纲却扛不住了。当时侯景已经攻进建康，包围了台城。你想想，如果现在投降的话，

野史秘闻

神机妙算陆法和

南北朝时，有一个神奇人物叫陆法和。侯景叛乱时，政府军节节败退，陆法和自告奋勇，组了一支八百人的乌合军队，一打，竟然大胜。南梁政府因此任命他为郢州刺史，但老陆不满意，自称"司徒"，梁元帝说：我没封老陆为三公呀，他怎么称起司徒来了？近臣回答：老陆神机妙算，大概是他知道自己迟早会做上三公吧。元帝一听，好，那就加封陆为司徒吧。于是，这事就成了！

好歹能留下一部分国土，保住身家性命。可如果被侯景杀进来，到时候身死国灭，还拿什么享福？于是，在侯景围困台城期间，萧纲接受了侯景向朝廷递交的议和书。

侯景当时便惊喜过望，他本来还担心围困台城这么久都没啥突破，而粮草也快用完了，才出此下策，想通过议和来暂缓局势。谁知姓萧的一家子这么没骨气，轻易便讲和了。他见对方好欺负，又赶紧开出条件来，一会儿说要地，一会儿说要萧纲的儿子当人质。萧纲一心求和，不管怎样苛刻的条件都咬牙答应下来，只求侯景赶快撤军。

然而，当叛军所需的粮草运到后，武帝和萧纲面临的是更为猛烈的进攻。叛军士气高涨，而城内的守军早就军心涣散，城外的各路援军也勾心斗角，谁都不愿当出头鸟。武帝彻底绝望，他知道自己多年创下的基业保不住了。而萧纲此时才明白，所谓的议和不过是缓兵之计，侯景的真实目的是要做南梁江山的老大。

太清三年（549年），台城城破之日，侯景趾高气扬地去见武帝。武帝神色不变，摆出一副高高在上的样子，问他："你打了这么多年仗，造了这么多次反，累不？"

名臣风骨

从北魏回来的汉将：羊侃

羊侃原先是北魏大将，武功卓绝，曾在战场上一箭射杀羌族大将莫折天生，北魏因此封他为征东大将军、东道行台。但羊侃的愿望是实现他父亲的梦想——回归南朝。公元531年，羊侃率领宗族突破拦截，回到了南梁。但在南梁，作为武将的羊侃却没被重用，一直郁郁不得志。

侯景可没想到对方一来就戳自己的软肋，当时就低下头，不敢回答。武帝又问他："你这么天天南征北战的，有多久没见到老婆孩子了？"

侯景面色阴沉，闷声不答。他的手下便站出来，说："咱们老大的老婆孩子早就被高澄那小兔崽子给杀了。"武帝此时一脸微笑，继续揭对方伤疤："你当初投靠我的时候，手中有多少兵力？"侯景说有一千。武帝继续问："那你现在来攻打我，手下又有多少人呢？"侯景抬起头来，与他对视，说："十万人，曾经都是你手下的将士，还有老百姓。"

武帝神色惨淡，却犹作镇定，问他："那这一战打下来，你还剩多少人呢？"侯景傲然一笑，回答："从此刻起，南梁百姓都是我的人！"武帝跌坐在地，再也不说话了。侯景见他万念俱灰，便命人将其囚禁起来，不让他吃饭喝水。武帝已经八十六岁了，哪还有精力跟他硬扛？他耐不住饥渴，不得不放下面子，找人要水喝。负责看守的侍卫讥笑他："喝水哪有念佛管用啊？您老还是念念佛经吧，没准菩萨出现，能救您一命呢。"

武帝愤懑不已，没多久便饿死在台城，死时八十六岁。

向历史借智慧

墙倒众人推

侯景叛乱之所以能够成功，究其原因，恐怕还是南梁的人心早已离散，无力回天。侯景围困台城的时候，城内的人无心应战，城外救援的人也是各怀鬼胎，这才给了他可乘之机。武帝统治南梁多年，早期的他勤勤恳恳，深得人心；然而到了后期，他信奉佛教、无心于政事，官员们才各自为政，一心谋利。说到底，墙倒众人推的局面固然让人心寒，但导致这个局面的梁武帝，不过是自食恶果罢了。

高洋建北齐

高澄被杀后，第一个出现在案发现场的是他的二弟高洋。高洋火速下令，让手下把兰京等人当场诛杀，并将其碎尸万段。接着，他又沉着脸，亲自出去对外宣告："有不识相的奴才造反，现在已被制服。我大哥受了点轻伤，并无大碍！"之后，高洋迅速控制局面，接管了大哥手中的权力。

东魏上下的官员都震惊了，这个从容不迫的高洋是他们认识的那个高洋吗？可以说，在高澄遇害之前，高家的子孙中，最不引人注目的就要属高洋了。没办法，高家盛产帅哥，而高洋却长得又黑又丑，还有满身的鱼鳞纹，从小就不受人待见。

容貌的丑陋让他在兄弟当中显得越发孤僻，但高欢在世时，曾经很欣赏这个儿子。一次，高欢为了考验儿子们的能力，便分给每人一团乱麻，让其想办法解开。这些人有的试图把丝一根根抽出来，有的把乱麻分成两份，然后再细分。只有高洋，他二话不说，直接拔出刀子，把乱麻砍成几截，轻轻松松地就把它理顺了。

野史秘闻

高洋测字

高洋登基称帝后，让大臣们起个大吉大利的新年号。有人提议叫天保，让老天爷保佑北齐。众人都叫好。高洋却说道：好是好，可这两个字拆开来不就是"一大人只十"吗？你们是笑我在位只有十年啊。大臣们一听，都吓得跪地求饶。高洋却哈哈大笑说：没事，没事，这是天意，不怪你们。后来高洋果然在天保十年去世。

高欢见状，当场夸他："你这小子很有潜力，比我强，老爸我看好你哦。"这话一出口，高澄就不开心了，心说咱好歹是长子，你老二怎么跟我抢风头，难道以后也想跟我抢权不成？从这以后，他便处处跟高洋作对。

时间一长，高洋也清楚他对自己有防范，索性开始在众人面前装傻充愣。他经常挂着鼻涕，像个二愣子一样，成天游手好闲。有人问他话，他也痴痴呆呆的，半天都不能回答完整。高澄为此嗤笑他："就我二弟这副窝囊样，居然也能享受荣华富贵，这算命的也太不靠谱了吧。"

有一次，高洋的老婆李祖娥做了很漂亮的衣服和首饰。高澄看见后，便说自己想要。李祖娥不愿意，说这是自己辛苦做出来的，不想送人。高洋倒是不介意，反过来劝自己老婆："大哥想要你就给他好了，今后你想要什么，我再给你买。"

高澄见对方一副没脾气的样子，心里不爽，接过衣服和首饰后，又顺手扔在地上，说："不过是些破烂货，咱不想要了。"高洋笑嘻嘻地应声说是，便把东西捡回去了。

也正因为高洋的种种表现，所有官员们都一致认定，高家上

社会风情

佛道比赛

高洋信佛，组织全国性的佛、道辩论赛，高洋自任评委，结果是内定了的，佛家胜。辩论赛结束后，高洋命所有道士剃度为和尚，道观全部改为佛寺。从此北齐国内道士绝迹，全是亮闪闪的和尚。北周也搞过佛、儒、道的辩论赛，结果是儒教为先，道教为次，佛教最次。和尚们不甘心，到处抨击儒道两家，周武帝一生气，下令全国和尚还俗。于是当时的中国北方出现一个奇观，北齐多和尚，北周没和尚。

下最没出息的就是他。就连长期当傀儡的孝静帝听说高洋接手权力后，都不由得笑开怀，说："咱这皇帝当家作主的日子总算来了啊。"

其实，孝静帝也跟高洋一样，长期受高澄的压迫。孝静帝是个文武兼备的人，在官员当中很有人气，高澄看不惯，就经常找他的碴儿。一次，他和高澄在喝酒的时候，对方端过来一满杯的酒，跟他说："我希望你能把它干了。"

孝静帝很没面子，当场拒绝他："你不过是个臣子，咱可是皇帝，你有啥资格劝朕喝酒？"

高澄见他胆敢拒绝自己，也当场发火了，怒骂："居然敢说我没资格，你不过是个空头皇帝，不是更没资格叫嚣！"说完，他还让手下上前，打了孝静帝三拳。孝静帝跌坐在地，敢怒不敢言。

到了第二天，高澄觉得自己昨天的事做得过火了点，便随便找了个手下，进宫向孝静帝道歉。孝静帝人在屋檐下，为了保全自己的皇位和性命，只好说："昨天的事，朕也有错。"说完，他还送给高澄手下一百匹绸缎。

孝静帝受够了欺负，现在高澄总算死了，他自然很高兴。不

野史秘闻

运气来了可以不死

南北朝时，齐明帝萧鸾，是齐高祖的侄子、武帝的堂兄弟，夺了皇位后，便想杀尽高祖、武帝的子孙。他将高、武的子孙们聚住到一起，又让人准备了棺材几十具，计划夜半三更时就将这些人全部杀掉。不料到了三更时，齐明帝却睡着了，也没人叫醒他。第二天醒来后，明帝认为这些人命不该绝，于是，赏了他们一顿酒饭，又都放出宫去。

过可惜的是，他还没开怀笑上两分钟呢，高洋就领着八千将士进宫了。孝静帝看着眼前黑压压的人群，不由得打了个冷战。

他本来想走近，跟对方打个招呼。谁知高洋身边的武士在见到他有所动作后，竟齐刷刷地手握腰间的刀柄，杀气腾腾地看着他。孝静帝被惊得停住脚步，高洋这才派人上前传话："臣先回晋阳一趟，处理点家事，皇上您就好好在宫里等着吧。"之后，他便虚拜了两下，转身离开了。

孝静帝当场愣住，内心凄凉无比，好半天才长叹一声："高洋这人，比高澄更难对付，看来咱是活不长久了啊。"

高洋回去以后，就召集官员，天天开会跟官员商讨夺权和治国的事。众人见他机敏过人、从容自信，都在暗地里咋舌："原来，这才是真正的高洋啊。"高洋雷厉风行，以前高澄犹豫不决的政令，他都果断地将其废除或修改完善。至于高澄被害时临阵逃跑的官员，他也给予惩戒，将其发配边疆。

等到他在朝中的权位稳固后，篡位夺权的计划便被提上了日程。高洋的老妈见自己的儿子前后判若两人，心里已经够不爽了，现在竟还想完成高家人的至高理想，便忍不住打击他，说："你

名臣风骨

兰陵王

北齐兰陵王高长恭勇猛绝伦，但脸却是一副小白脸的样子，高长恭本人觉得这样子上战场不雅，缺了勇猛的武将风度，气势上不足以威慑敌人，于是做了个比较彪悍的面具戴上，这下气势上来了。当然，也有人说是兰陵王长得太美了，不戴面具的话，男人女人都盯着他看，这仗也就没法打了。

老爸和你大哥都是人中龙凤，他们都不敢妄自篡夺皇位，你又有什么资格叫嚣，说自己能当皇上？”

高洋无视老妈的质疑，只管加紧篡权的步伐。他联合群臣，从晋阳出发，前往首都，逼孝静帝退位。

孝静帝早就料到自己有这一天，便命人把禅位的诏书写好，交给高洋的手下。他本以为，这样就能逃过一死。然而，一年之后，高洋为了免除后患，把他毒死了。

孝静帝退位以后，公元550年，年仅二十岁的高洋便自立为帝，改国号为齐，史称北齐文宣帝。

向历史借智慧

成功属于懂得隐忍的人

高欢的儿子争夺大权，初看上去，恐怕最不能称为对手的就要属高洋了。可是，事情的发展却出乎所有人的预料。曾经默默无闻的老二，竟然在大哥死后，俨然变成了另外一个人。这也难怪后来的人们总会猜测，兰京的刺杀事件，其主谋者就是高洋。我们姑且不论这件事的真假，但高洋绝对是高欢的儿子中隐藏得最深的一个。看来，很多时候，真正有实力的人总是沉默隐忍，只有那些没实力的人，才叫嚣得最厉害。

侯景称帝

梁武帝死了，侯景跟着众人干号了两声，心里却在想：“不就死了个老皇帝嘛，他当了这么久的皇帝，皇位都快让他坐烂了，早该下台了。”侯景虽然表面不说，但心里可是盯着皇位暗下决心，早晚有一天咱也要坐坐。

不过，太子萧纲还在世呢，轮不到他上台。侯景万分不情愿地对萧纲说：“你老爸死了，你上台顶替他吧，不过朝中的大小事可得我说了算。”萧纲唯唯诺诺地应声说是，便登上皇位，史称简文帝。

这边简文帝刚上台，那边他弟弟萧绎不乐意了，成天叫嚷：“萧纲是侯景那叛贼扶持上台的，跟他蛇鼠一窝，咱们怎么能认他当皇帝呢？”

侯景可不拿他当回事，还讥笑说：“当初他老爸被爷囚禁的时候，这家伙怎么不跳出来主持公道？现在老爸死了，老哥即位，他倒想来分杯羹了。”侯景看不起萧绎，并扬言要把对方杀了。

庙堂真相

受人排挤的简文帝

简文帝萧纲是萧衍的第三子，在太子萧统死后，被越次拜为皇太子。萧纲做了十八年的太子，在此期间，公元 551 年，身受权臣朱异的挤压，身边的亲信徐摛、韦粲等都被排挤出京城。由于朱异深受萧衍信任、重用，萧纲敢怒不敢言，直到侯景围城，才在诗歌里一吐心中的愤怒。

侯景让自己的手下留守都城建康，自己领兵出征，准备跟萧绎决一死战。侯景看不起南梁的军队，认为南方人都不善战。然而，事实并非如此。自从他起兵作乱以来，无视百姓生死，四处烧杀抢掠，久而久之，百姓对他恨之入骨。现在听说他要打自己人，都奋起抵抗。

侯景更没料到的是，南方多水，而北方的士兵显然不善水战。战争刚一打响，北方军便兵败如山倒。侯景很受打击，唉声叹气："强龙斗不过地头蛇啊，本以为这些南方人都手无缚鸡之力，原来是咱小瞧他们了。"

侯景很郁闷，无奈之下，只好领着残兵败将，回到建康。这时候的简文帝虽然在治理国家方面没啥建树，但文坛方面可少不了他的发光发热。

侯景想到自己长期在外征战，日子过得无比凄凉，便找来手下王伟，诉苦说："咱本来还想扫平南方，再把当皇帝的事提上日程。可惜现在看来，平定南方是没啥戏了，可是这当皇帝嘛，地大地小都可以当，不是吗？"

王伟立马点头，说："对，咱要先把威信树立起来。在朝中

庙堂真相

宫体诗

萧纲是著名的文学家，他的文学成就很大。他提出"立身先须谨重，文章且须放荡"的文学创作原则，引导了当时文学的发展，形成了"宫体诗"。"宫体诗"主要描绘宫廷生活，情调轻艳柔靡，注重辞藻、对偶、声律。"宫体诗"是对"永明体"的整合与发展，是律诗建构史上的关键阶段。

行废立皇帝的大事，到时候百官慑于您的权威，还不都得言听计从吗？”

于是，简文帝在还没反应过来时，便让侯景等人赶下皇位，还被逼着写了份诏书：“现在南梁上下的人都在争夺皇位，原因无他，正是由于我不是正统的继承人。为了天下的黎民百姓着想，我现在要把帝位禅让给豫章王萧栋。”

萧栋是梁武帝的嫡曾孙，以前武帝在世的时候，也曾想过立他为继承人，不过他最终还是跟皇位擦肩而过。此时他虽然还身在建康城中，但日子可不比当年好过了。因为自从侯景攻陷台城后，萧氏子孙的境况都大不如前，他也不例外。

当禅位的诏书传到萧栋那儿时，他和老婆还在田里种菜呢。没办法，战争期间本来粮食就供应不足，况且他现在不过是个不受重视的皇子，想要吃饱，种田是唯一的出路。送诏书的人见了，便说：“快去当皇帝吧，到时候吃穿不愁，你也不用种地啦。”

萧栋苦着一张脸，说：“说是当皇帝，其实还不是给侯景打工？相比较，咱还是情愿当一辈子的农民呢。”话是这样说，可皇帝这一职位哪是自己能拒绝的呢？他被逼无奈，只好一把鼻涕一把

名臣风骨

王羲之的感慨

东晋书法家王羲之辞官归家后，和一些朋友一起享受游山玩水、泛舟垂钓的快乐，又跟道士许迈一起修炼服食丹药，不远千里，四处采摘名贵药材。在东部和中部各郡游览名山，泛舟海上，大发感慨：“我终会因为快乐而死去啊。”

眼泪地登上了宝座。

其实，萧栋说得不错，当皇帝难，当傀儡皇帝更是难上加难。至于下了台的傀儡皇帝，那就真的是朝不保夕了。这不，简文帝自从退位以后，便被囚禁起来，毫无自由可言。他深知，侯景是斩草除根方面的一把好手，而自己绝对活不了多久。

果然，没过多久，王伟就来找简文帝，请他喝酒。简文帝了然于胸，反倒开怀笑道："良辰美景，不一醉方休的话，那还叫人生啊？"说完，他便和王伟喝了个痛快，直到昏睡过去。

王伟见状，忙命人找来一只几百斤重的土袋，压在简文帝身上。接着，他还让人在土袋上不停地加力，活生生地将其压死。之后，他随意找了个破棺材，装上尸体，丢在酒库了事。

侯景解决了简文帝，又在萧栋上台两个月后，把对方轰下台，自立为帝，改国号为汉。侯景终于得偿所愿，完成了人生的最高理想。

向历史借智慧

淡定是一种生活姿态

南北朝时期的傀儡皇帝有不少，而最终窝窝囊囊死去的同样不在少数，但简文帝却不是。他自知命不久矣，却依然能谈笑自若。就算是临死前，也照样饮酒言欢、笑对生死，这是淡定的风度。每个人都需要淡定的心态，这样在生活中才能处之泰然，宠辱不惊。

侯景之死

侯景当上了皇帝，按理来说应该很开心的。不过他发现，皇帝的烦恼有很多。虽然衣来伸手饭来张口的日子看上去很滋润，但自己再也不能像从前那样，想去哪儿玩就去哪儿玩，就连出个宫门，也有一大堆官员和下人拦着，说什么“安全第一”。

侯景很郁闷，大叹：“爷现在虽然贵为皇帝，但却丧失了宝贵的自由，真是鱼与熊掌不可兼得啊！”

当然，让侯景郁闷的，不仅仅是丧失自由这事，而是萧绎自从他当上皇帝后，对他大汉军的进攻越发猛烈了。对方手下的将领带着大军，一路上势如破竹，根本没遇到什么太大的阻挡。毕竟百姓们都对侯景恨之入骨，现在知道有人要去拆他的台，哪还有出手阻挡的道理呢？于是，等萧绎的军队快打到建康时，兵力不减反增，粮草供应也是源源不断。

侯景着急了，在宫里坐不住了，跟手下王伟说：“这帮家伙来真格的了，可惜我从造反到现在，能用的大将也没剩下几个了。

庙堂真相

百日天子侯景

台城被攻陷后，梁武帝曾经对人说：侯景肯定会称帝，但时间不会太久。众人不解，梁武帝破解道：侯景两字拆开来看就是“小人百日天子”。侯景 于公元548年农历十一月十九日攻破建康，次年三月十九日兵败，总共是一百二十天。而侯景在三月一日离宫，在宫中刚好只住了百天。

而且咱要再不亲自出马的话，恐怕这皇位就真的不保了啊。”没办法，他只好把宫里的大小事都交给王伟打理，自己带军出征。

按理来说，做皇帝的御驾亲征，这对于将士们来说，应该是振奋士气的消息。不过，侯景手下的一万多士兵显然不这么看，众人纷纷表示：“什么皇帝啊？前几天还是个叛徒呢，现在不过就是加了顶皇冠而已，人还是那个人。”

军队没士气，仗也没法打了。侯景的亲自出征并没起到多大效果，甚至他亲自率兵充当前锋，军队仍被打得节节败退。

侯景见势不妙，连忙领着败军，退回台城。他在城门下叫唤王伟，说：“爷再也不当皇帝了，现在就去逃命，你好自为之吧。”

王伟吓得连滚带爬地来见他，哭诉：“皇上，您现在都把大家拉上贼船了，怎么能说跑就跑呢？当皇帝的可不能做这种事啊。”

侯景一脚把他踹开，抱怨说：“你以为咱真的不想当皇帝吗？实在是上天不让我当啊，难道你要眼睁睁地看我在城里送死吗？这样吧，我先走一步，你留下来垫后。”说完，他便带上自己来到南梁后生的两个儿子，匆匆逃走了。

南梁军知道他逃出台城，便穷追猛打，直把他带走的骑兵打

社会风情

王谢士族末日

侯景刚投奔萧衍时，想向王谢等大家族求婚。萧衍说：“王谢门第太高，你配不上。”于是，侯景就娶了十四岁的溧阳公主。侯景当上大汉皇帝后，把建康城里的王谢等士族差不多都抓起来杀了。此后，南方士族势力基本上被摧毁了。

得七零八落。侯景没辙，只好领着仅剩的几十个将士，准备从海上逃跑。他见情况紧急，便狠心将自己的两个儿子推下水，嘴里还说："孩子没了可以再生，命只有一条。"

众人好不容易上了船，侯景见自己暂时脱困，这才放松下来，躺在船舱里休息。跟他同船的几个人见了，便私下里商量说："侯景这个王八蛋，把咱们拉上贼船，现在咱就是想撇清跟他的关系，也不可能了。不如趁现在调转船头，用他的人头来换我等的平安。"计谋一出，众人都举双手赞同。

当侯景醒来，发现船只的行驶方向不对，便问他们怎么回事。这几人嘿嘿一笑，说："船没走错，是老大你上错船了。今天算您运气不好，咱们兄弟几个决定用你的一命，来换我等的荣华富贵。"

侯景大惊失色，爬起来想跳海逃生。众人见状，连忙一个箭步冲上去将他捉住，举刀就砍。他甚至来不及说句话，只哀嚎了几声，便被众人结果了性命。

接下来，众人把他的尸体运到建康。在场的将领见了，便当即下令："把这家伙砍成几段，脑袋送到萧绎老大那儿去，剩下

野史秘闻

家奴王褒

西魏于谨攻梁，梁元帝萧绎让王褒带着太子出城见于谨，于谨听说王褒是江南有数的书法大家，便让他写几个字来瞅瞅，王褒提笔写下"柱国常山公家奴王褒"，柱国常山公是谁？于谨。王褒堪称典型的无骨文人。

的挂到大街上去。”没料到，侯景的尸体刚在街上挂出来，百姓们听到消息后，都争先恐后地跑来，抢他的肉吃。不消片刻，侯景的尸体就被众人吃得一干二净。

而侯景在南梁娶的老婆——溧阳公主知道后，说：“侯景这畜生丧尽人性，我也恨不得能吃他的肉、喝他的血啊，以消我心头之恨！”虽然，人肉是没吃上，但侯景被杀的消息还是让她开心了不少。

然而，侯景虽然死了，南梁的乱局却依然没有得到改善。

向历史借智慧

恶有恶报

古人说："勿以善小而不为，勿以恶小而为之。"这并非是带有因果报应论的忠告，而是人们身处社会中，总会和周围的人、事产生联系，无论你是行善还是作恶，最后都会影响到自身。既然这样，那么我们何不多做一些善事，为自己多求得一些发展空间呢？

陈霸先建陈

都说“乱世出英雄”，其实乱世之中，也能出好皇帝，比如陈霸先。其实，比起当时那些叱咤风云的将军帝王来说，他的出身很不起眼。

陈霸先从小家境贫寒，虽然祖上也有过做官的人，但到他这一辈的时候，家里早就穷得叮当响了。他从小酷爱读书，尤其喜欢读兵书，研究那些奇门遁甲之术，武艺也是一等一的好。穷人的孩子早当家，他为了生计，很早就出来打工，端过盘子扫过大街，后来还跑去当看守油库的人员，这才慢慢跟政府部门有了接触。

说起来，陈霸先属于一战成名的那类人物。当时，他因为文武双全，被梁武帝的侄子——萧映相中，留在其手下打工。有一次，萧映在兵乱中被围，一帮将士都慌了手脚，不知该怎么办。只有陈霸先从容地站出来，说：“只要你们能给我三千精兵，我保证老大能够安然无恙地回来。”

这之前，他在众人眼中不过是个不起眼的小人物，说话办事

庙堂真相

梁元帝灭梁

梁末危局实际上是由梁元帝萧绎造成的。侯景之乱平定前后，萧绎因猜忌岳阳王萧詧，逼得萧詧招来北周势力，于是丢掉了襄阳；武陵王萧纪在成都称帝，萧绎请求北周袭击萧纪，于是四川又被北周吞并。上游之地尽失，建康的屏障也就没了，不亡何待？后来南陈没有收回上述地区，使得南陈成为南朝实力最弱的国家，被隋朝轻轻一击就灭亡了。

都没分量。现在这种危急关头，众人都忙着推卸责任呢，谁知他倒站出来了。于是，大家抱着死马当活马医的心态，分了三千精兵给他。出乎意料的是，他一马当先，率兵突击，在敌军阵中来回穿梭，如入无人之境。很快，战乱得到了平息，而萧映也被救了出来。

陈霸先从此一鸣惊人，但在认老大这方面的确没啥眼光。他成名以后，便跟着一个叫元景仲的大官混。当时，叛乱专业户侯景投降梁武帝不久，便重新走上老路，嚷着叛变。他四处烧杀抢掠，做尽坏事，还威逼利诱，要南梁的一帮官员跟着自己混，这其中就包括陈霸先当时的上司元景仲。

元景仲很没原则，侯景不过吹了几句耳边风，他就按捺不住了，还力图让一帮手下跟着自己叛变。陈霸先很郁闷，劝说："你是南梁名正言顺的官员，说反就反，不怕把自己的名声搞臭吗？"

元景仲根本不把他的话当回事，如火如荼地开始谋反计划。陈霸先怒了，说咱好心劝你你不听，那我就动真格的了。他当即举起平反大旗，先于元景仲一步，带兵将其镇压下去。元景仲见下属雷厉风行，而自己也犯错在先，羞愧之下，只好上吊自杀了。

庙堂真相

从村官到皇帝

陈武帝陈霸先出身贫寒，从村官到油库小吏再到王府教头，一路奋斗，建立了南陈。他在分崩离析的江南，抵御北齐入侵，对于保护中华文明的正统功劳极大。但就是这样一位南朝少有的英明皇帝，死后却被王僧辩的儿子王颁挫骨扬灰，兑成饮料喝进了肚子。

后来，陈霸先带着一帮将士，辗转投到萧绎门下，跟着王僧辩混。这一次，他又跟错了领导。梁元帝死后，南梁上下都乱了套。而王僧辩就拉着他顺势而起，说是要平定国家乱局。他又高兴又期待，暗说："咱辛苦这么多年，总算遇着一个爱国爱民的领导，太不容易了啊。"

可惜，陈霸先高兴没两天，自己的领导便开始玩起换皇帝的游戏了。他抱着最后一丝希望，跟对方说："皇帝可是天底下的老大，你咋能说换就换呢？再说，让你换皇帝的是北齐的高洋，那家伙啥事都不爱干，就爱杀人，他的话你也听？"

王僧辩表示："不是我没骨气，实在是咱没实力没信心能打过北齐的大军啊。不听他们的，难道还听你的？"

陈霸先气得一口气差点缓不过来，暗自悲叹："咱真是没眼力啊，没眼力！"失望是肯定有的，不过他也坚定决心，要拨乱反正。于是，他又一次率领大军，杀到领导的家门口，解决了王僧辩，自己接管了国家大权。这一次，他不再认谁是领导了。没办法，精英阶层们太让人失望，倒不如自己来掌管大权，拯救国家。

当时在位的是梁敬帝萧方智，他见陈霸先独揽大权，自己也

社会风情

南朝绘画艺术

佛教对北方的文化影响体现在雕塑艺术上，对南方的影响主要体现在绘画上。如顾恺之、陆探微和张僧繇等画家，一方面继承了中国传统绘画的技艺和风格，一方面吸收来自印度、西域的佛教绘画表现手法，形成了"秀骨清相"的风格，即他们的画作人物形象大多是面目清瘦、褒衣博带、神采飘逸，到唐朝，演变成了吴道子的"吴带当风"。

对皇位没啥留恋的，便在公元557年的时候，把皇位让给对方，并说："萧家人坐不稳这江山。而且咱现在只有十三岁，还是姓陈的上位吧。"

陈霸先没有拒绝，他知道，一个小皇帝给国家带来的绝对不会是安定繁荣，只有自己出任，国家才有希望。就在这一年，他登上帝位，改国号为陈，史称陈武帝。

向历史借智慧

当领导不容易

在南北朝那样激烈竞争的社会中，下属杀害领导的事稀松平常得很。可见，在乱世中当领导的如果没有足够的权威和度量，那他的性命就很危险了。而要想做一个真正的领导者，能力高低并不是最重要的，能不能服众才是关键。人心臣服，是领导人应该追求的最高目标。

陈顼篡位

公元559年，陈霸先死后，就由他的侄子——陈蒨继承皇位，是为陈文帝。文帝在位仅仅七年，便因为身体不好而病逝。他临死前，当着官员们的面，对自己的弟弟陈顼说："我是马上要去见阎王的人了，但儿子还小，担当不了重担，要不我把皇位传给你？"

在场的官员见皇帝这么说，都震惊不已。虽然陈顼年少有为、文武双全，人也长得帅，但皇上还有儿子呢，怎么能把皇位让给弟弟？！

陈顼也是吓坏了，赶紧"扑通"一声跪倒在地，扑到他跟前说："老哥，咱可是早就打定主意，要帮您儿子做个好皇上的，您现在这样说，不是要陷我于不仁不义之中吗？您要再这样说的话，我只能以死明志了啊！"他又是痛哭流涕，又是指天发誓，让在场的众人都为之动容。

文帝看他说得情真意切，方才打消这个念头，暗说："算你

庙堂真相

都督中外诸军事

这一官职从曹魏时设立，对魏晋南北朝的政治、军事影响极大。但从西晋开始，这一官职逐渐向虚衔、荣誉头衔转化。到了南朝，它成为篡位者为了提高声望，给篡位制造舆论的附加官职。如陈顼篡位前自封录尚书事、都督中外诸军事。侯景更有气魄，自封"宇宙大将军，都督六合诸军事"。

小子识相，咱就是怕你能力高，将来踩到我儿子头上，那我就亏大了。”原来，他说要传位，不过是为了试探对方。

可惜，陈顼的惊魂事件并没就此完结。没办法，他能力高，树大招风，走哪儿都容易被人盯上。自从文帝死后，他儿子陈伯宗即位，有的官员便经常聚在一起嚼舌根：“现在小皇帝刚上台，一来年少不懂事，二来根基也不稳，看来这朝中早晚得是陈顼的天下。咱们一定要趁先皇刚死、他还没壮大的时候，把他尽早解决了。”

于是，众人经过一番商量，便借皇太后的名义，下了个假命令给陈顼：“扬州那地方太乱了，实在需要有个我能放心的人才去帮忙管着，咱想来想去，就你最合适了。要不你尽快收拾包袱出发吧。”

陈顼收到命令后，不疑有他，开始打包行李。他心里还暗说：“老哥这家人太不厚道了，他死之前要拆我的台。现在人死了，连老婆都不放过我。不想留着咱在京城里碍眼就明说嘛，还说啥支援国家建设，太能忽悠人了！”

他的手下也很愤愤不平，对他说：“老大，您好歹是陈家人，

社会风情

男皇后

文帝好男风，男宠有大臣华皎和爱将韩子高。韩子高可谓十全十美，貌美得让战场上的敌人都不忍心伤害他，另一方面他又是文帝的得力助手。文帝对他说：“算命的说我有帝王相，到时册封你做皇后。只是咱们同性，怕别人说闲话。”文帝病故以前，韩子高端水送药，片刻不离，给弥留之际的文帝极大的安慰。

而且在先皇死之前表明要效忠的，太后不会这么快就想赶尽杀绝吧？您可得留个心眼，如果是有人使诈的话，那要是出了京城，咱们可就没那么容易活命了。”

陈顼这才恍然大悟，越想越觉得其中有诈。于是，他赶紧上报朝廷，说自己最近身体不舒服，等休养几天再走。接着，他又派人进宫，询问太后是否真有其事。

太后回答：“我还指望您辅佐我儿子呢，怎么可能下令让你离开？”

他安下心后，又找人去问小皇帝：“侄儿啊，你是不是看叔叔我不顺眼，想把咱轰出京城去？”

小皇帝连连摇头，说：“绝对没有这种事，咱还等着叔叔教我怎么治国平天下呢。”

真相大白，果真是有人看自己不顺眼，要借太后的手把自己除掉。陈顼弄明白真相后，总算安下心来想对策：“哼，咱从老哥死时就被吓得不轻，现在又被这帮家伙吓了一跳。既然人人都怀疑我觊觎皇位，那这一次，咱就先下手为强，先杀了你们这些小喽啰，再圆了老哥的遗愿，登基为帝！”

野史秘闻

后主陈叔宝

南朝陈被隋军灭了后，后主陈叔宝被安排住在长安。有一次，隋文帝邀请他参加宴会，期间，后主建议文帝大修宫殿，以示文治武功。文帝当时没说什么，等陈叔宝走远后，才对群臣说：“陈叔宝就是因为贪图享受才落到今天这个地步的，现在又来劝我学他那样。唉！”

陈顼的小宇宙就此爆发，变得很有行动力。他先是逮捕了那些想暗害自己的官员，将其杀害。接着，他又假借太皇太后的名义，对外发布诏令："皇上年纪太小，不仅不能担当重任，还跟一帮奸臣伙同起来想要暗害陈顼。为了陈朝的将来，这个小皇帝一定要废了。"

陈伯宗很无辜，暗说咱平时连踩只蚂蚁都不愿意，何况是害人呢。可惜，他刚上台不久，大权也没握在手中，人微言轻，压根儿没官员帮他说话。陈伯宗在还没反应过来的时候，就被陈顼轰下了台。

为了铲除一切有可能角逐皇位的人，陈顼还把陈伯宗的弟弟一并解决了。就这样，他成为皇位候选人中的胜出者，理所当然地当上了皇帝，史称陈宣帝。公元570年，他为了永绝后患，了结了陈伯宗的性命。

向历史借智慧

是老虎，早晚都会露出獠牙的

我们总会遇到这样的人，明明自身实力很强，但装弱却很有一套，演技也堪称一绝，在机会到来前从不锋芒毕露，能骗过不少人。然而，老虎就是老虎，迟早都会露出獠牙。你要不想受到伤害，防范之心可是不能少的，要睁大眼睛，不要被表象所迷惑。

“无忧天子”

公元 565 年，北齐后主高纬登基为帝，正式开始了他荒诞昏庸的皇帝生涯。当时，国家的政权在前几任皇帝的折腾下已经腐朽不堪，而他的上台，无疑是给其添了一把火，加速了北齐的灭亡。

高纬的皇帝生活很奢侈。他刚上台没几天，便找来一大批工匠，让他们为自己修房造屋。本来嘛，咱好不容易才当上皇帝，生活水平得提高点，手上的房产得多一点，这样面子上才过得去。他一声令下，工匠们便日夜赶工，为他修筑豪华的宫殿、美轮美奂的庄园别墅。

当然，单单修几套房子可远远满足不了他。没过几天，他又把数百个宫女召集到一块儿，说：“朕跟之前的那些领导可不一样，我一直奉行有福同享的原则。从今天起，你们人人都是女官，朕还要赏赐你们每人一条价值千金的裙子和价值连城的镜台。”宫女们欢呼雀跃，连呼万岁。

有的官员看不下去了，就跟他说：“皇上，咱们国家现在已

庙堂真相

佞臣和士开之死

北齐佞臣之多，在历史上是一个很突出的现象，如穆提婆、和士开、高阿那肱等人。正直的大臣看他们专权弄国，就想了个办法除掉他们。一个大臣将请求处死和士开的奏章夹在许多公文中，呈给后主高纬。高纬从来不理朝政，看都没看，大笔一挥，批准照办。于是，和士开就被处死了。

经够困难的了，您还一会儿修别墅，一会儿赏赐下人东西，再这样下去，国家就危险了啊。”

高纬把脸一沉，说：“今朝有酒今朝醉，咱才不管那些以后的事呢。告诉你们，咱只要在皇位上一天，就要做一天的‘无忧天子’！”

高纬不愧为“无忧天子”。公元576年，北周的军队进攻北齐时，他还忙着跟小情人——冯淑妃在林子里打猎呢。当战报传来的时候，他身边的侍从不以为意，还说：“皇上这会儿玩得正高兴呢，这种小事就不要去打扰他了。再说了，这些年边境上打的仗还少吗，有啥可担心的？”

等到太阳落山，高纬才收到第二波军情，说是边疆重镇——晋州（今山西临汾）已经被北周军占领了。高纬有点着急了，说：“要不咱回宫跟大臣们好好商量商量？”

旁边的冯淑妃把嘴一撇，埋怨说：“我都还没玩够呢，皇上，您就不能再陪陪我吗？”说着，她眼眶一红，柳眉一拧，一副梨花带雨的模样。

高纬看得心一软，立刻把她搂进怀里，说：“管它什么国家

野史秘闻

马屁高人

和士开劝皇帝高湛的领导哲学是：“自古帝王哪有不挂的，尧舜和桀纣还不都挂了。应该趁着现在年轻，多享享乐，一日快活胜过活千年。国家大事嘛交给大臣就可以了，用不着自己勤苦。”一句话说到了高湛心窝子里。和士开捧北齐皇帝高湛：“陛下不是天人，是天帝。”高湛喜欢，反过来捧和士开：“卿不是世人，是世神。”

大事，陪美人才是第一位的事情。”于是，前一秒还有些慌张的他，下一秒就把军国大事抛下，忙着跟女人缠绵去了。

过了几天，当他重新想起晋州陷落的事情后，才命令大将出征，夺回地盘。将士们压下不满，开始在晋州城外挖地道，想从地下偷袭进入，给敌军来个措手不及。人多力量大，没多久，地道就挖通了。

就在大家要进攻的时候，高纬却跳出来阻止：“你们先等等，喝口水吃顿饭啥的。咱要先带着冯淑妃进地道看看，过过眼瘾。”

这边冯淑妃见自己有幸亲临战场，眉开眼笑地坐下来化妆，还跟高纬说：“女人出门都很麻烦的，皇上，您可一定要等我啊。”这一等，足足等了俩小时。高纬倒是无所谓，将士们是水也喝了，饭也吃了，却还等不到出击的命令。

北周这边很快发现了地道的事，便赶紧往晋州加派援军，两军对阵的时刻终于来临。高纬却传令：“我家亲亲老婆还没化好妆呢，你们先别打。”

将士们听说是皇帝的旨意，于是不得不从。但北周这边可不管，大军掩杀过来。于是，当高纬终于出现在战场上时，北齐的军队

庙堂真相

德才兼备孝昭帝

北齐六帝中，唯一称得上德才兼备的只有孝昭帝高演。高演在位期间，政治清明，关心民生，与北周偃旗息鼓，四境和平。他唯一的遗憾是杀了侄子、高洋的儿子高殷，这使他心生愧疚，在高洋厉鬼复仇的幻象中惶惶而死。

已经隐隐有了败势。冯淑妃眼见将士们节节败退，花容失色地说：“皇上，咱们快输了，还是快撤吧。”

在场的将领拦住高纬，劝阻道：“皇上，您要是在战场上撑撑场面，将士们没准还会咬咬牙拼一拼。这种时候您要是撤了，咱们就真是必败无疑了啊。”

高纬冷声回道：“你难道要朕留下来陪你们送死吗？这可不行，朕还年轻，还没玩够呢。”说完，他策马扬鞭，临阵逃跑了。大家眼见当皇帝的都忙着逃命，更没心思打仗了，纷纷丢盔弃甲，四处逃窜，北周军大获全胜。

一路飞奔回邺城的高纬，终于意识到北齐的末日近在眼前，为了不当亡国之君，便匆匆忙忙地找来八岁大的儿子，说：“儿啊，你老爸做够皇帝了，趁国家还没灭，你赶紧上去过几天瘾吧。”

于是，公元 577 年，高纬退位，高恒登基为帝，北齐的丧钟已经敲响。

向历史借智慧

生于忧患，死于安乐

北齐曾经是当时三国中实力最强盛的。但老子打天下，儿子坐天下，这么强盛的家底子，不禁让后代生了享乐之心。国家竞争如“逆水行舟，不进则退”，高纬的这一享乐，就把国家给毁了。而北周之所以能后来居上，就是由于弱小，由于各方的威胁太大，使得他们战战兢兢，时刻保持清醒、奋发。孟子说：生于忧患，死于安乐。历史事实不断证明着这句话。居安思危才能基业长青！

北齐灭亡

北周跟北齐是老对手了，可惜打了这么多年的仗，双方还是分不出个胜负来。虽然说北周在周武帝的带领下，发展得越来越好，但显然，他们的将军跟北齐的不在一个档次。这一点，最郁闷的恐怕就要属北周的大将军——韦孝宽了。

韦孝宽在北周很有人气，打了不少胜仗，走哪儿都有人尊敬他。可是，当他遇上对手、北齐大将斛律光后，“常胜将军”的名号就变成“常败将军”了。斛律光是个智勇双全的大将，在战场上总是略胜他一筹。也因此，北齐这块地盘虽然诱人，但北周上下一时间都拿它没辙。

韦孝宽很有挫败感，常常哀叹：“既生宽，何生光？”他深知，要光明正大地干架估计是没啥戏了，既然明的不行，就只能使暗招了。

当时，北齐后主高纬跟斛律光的关系不好。韦孝宽知道后，就指使手下在北齐境内散播谣言，还编了首歌谣，说：“百升飞

庙堂真相

八大古都之一：邺城

古代邺城在今河北临漳县。邺城是魏晋南北朝时期中原地区富庶繁盛的大都市之一。东汉末年，都城名义上在许（今河南许昌东），实际政治中心是邺城。十六国时，后赵石虎将都城从襄国（今河北邢台西南）迁至邺城；前燕慕容灭冉魏后不久，也迁都于邺城。东魏、北齐先后在此建都。杨坚克尉迟迥后，焚毁了邺城。

上天，明月照长安。”“明月”是斛律光的字，这句话就是说斛律光想要取代高家统治北齐，进而夺取天下。

歌谣刚一上市，就被很多人传唱开来。很快地，高纬身边的奸臣便知道了这件事。他们平时就看斛律光很不顺眼。没办法，忠奸从来都是对立的，而奸臣们总是克忠职守地天天寻思该怎么除掉天敌。眼前的歌谣无疑给了这些人一个机会，他们便在高纬面前说闲话，污蔑斛律光有谋反之心。

高纬虽然昏庸，但却没忘记这皇帝宝座是一定要保住的。本来嘛，咱“无忧天子”的名称可不是徒有虚名，既要能无忧，还要是天子不是？于是，公元 572 年，斛律光被他害死。周武帝听说后，仰天狂笑：“哈哈，咱现在就下令，让全国的百姓尽情狂欢，给大家伙儿减减负。咱们要为攻打北齐做准备啦。”

北周的军队很有效率，他们一路高歌猛进，把高纬吓得急急忙忙地退位。他儿子高恒很无奈，说：“老爸，你过好日子的时候咋想不到让我上位呢？现在倒好，国家都快被人抢了，倒想起让我上台顶替，背上个亡国之君的骂名。”

高恒本来就很不乐意，再加上刚上台没几天，北周的大军就

社会风情

酷吏崔弘度

隋文帝时期的酷吏崔弘度性情严苛，眼里容不得一粒沙子。曾请属下吃甲鱼，吃之前问属下，甲鱼的味道好吗？属下们都说，好。崔弘度破口大骂：“你们这些奴才为什么敢欺骗我，你们根本就没有吃过甲鱼，怎么会知道味道好！”统统杖责八十下。当时长安城中有一首民谣说：“宁可喝下三升醋，不要遇见崔弘度。”

兵临城下。他边收拾包袱边叫嚷：“这皇帝咱可不当了，我还有大好的人生呢，可不能现在就丧命。”

高恒跟着老爸，一路撒腿狂奔。当走到半路的时候，他对官员斛律孝卿说：“皇帝这职业太危险了，我可不准备做下去。你帮我去告诉任城王高湝，让他来当皇帝吧。”

斛律孝卿连忙跪下，给他下保证：“皇上，您真是太英明了。您放心，虽然您马上就不是皇帝了，可是咱保证完成任务！”

可惜，斛律孝卿说的都是空话。他刚刚跟高恒分手，便说：“你们这帮家伙，国家都大难临头了，还三天两头地换皇帝玩儿，没准我跑去见任城王，那家伙也推卸责任怎么办？既然如此，还不如拿着这堆证据，在周武帝那儿讨个功劳，以后也好继续当官发财。”于是，他带着一堆皇帝御用的玉玺、证件等，直奔北周那边，讨功劳去了。

后来，妄图逃命的高纬和高恒被周武帝抓住处死，北齐王朝就此结束。

向历史借智慧

自作孽，不可活

北齐灭亡，固然是因为北周的攻打，但究其原因，还是领导们不争气。他们要么残忍嗜杀，要么昏庸无道，以致民心丧失，回天无力。而当我们遭遇失败和挫折时，所要做的不是把责任推卸给外部，而应该先检讨自身，以求从失败中发现取得成功的秘诀。

杨坚建隋

公元 541 年，杨坚出生。据后来的说书先生描述，他出生在一座寺庙里，当时寺院中突然飘来一团紫气，一派祥瑞的气象，看见的人都说他将来必定会大富大贵。

杨坚的确是大富大贵的人，他家里世代为官，老爸还曾经跟随宇文泰打过仗，算是北周的开国功臣。从小衣食无忧的他积极上进，才干卓著。等到他承袭老爸的爵位，进了政府当官后，为人却低调起来。

杨坚本人估计是不大想玩低调的，但当时的局势实在不容许他高调做人做事。因为曾经有官员在见过他后，对武帝说："杨坚这家伙长相非凡，我每次看见他，心里就直发憷。皇上，为了您的江山，可得多多留意他的活动呀。"

本来武帝就对杨坚有些忌惮，没办法，有句话不是说"咬人的狗不会叫"吗？杨坚在他心中，就是那只会咬人的狗。现在，又有人证实了自己内心的想法，由不得他不提高警惕。

庙堂真相

三朝独孤皇后

历史上有三位著名的独孤皇后：北周明帝宇文毓的皇后，隋文帝杨坚的皇后，唐高祖李渊的母亲元贞皇后。她们的父亲就是中国古代美男之一，西魏忠心耿耿的宰辅独孤信。其中周明帝皇后是其长女，元贞皇后是其四女，隋文帝皇后是其七女。隋、唐两朝天子都是独孤信的后人。

作为臣子的杨坚表示很有压力，看着老大天天像防贼似的防着自己，他的日子很难过。没多久，武帝还专门找来看相的高人——赵昭，想暗中偷偷给杨坚看相。他没想到的是，赵昭跟杨坚是铁哥们儿，在装模作样地给杨坚看相后，赵昭笑着说：“皇上，您想多了。杨坚这人不过就是长相奇怪了点儿，跟大富大贵啥的搭不上边。我看呀，他也就是能借着老祖宗的福荫，当个将军吧。”宇文邕听后，才渐渐放下心来，断了除掉杨坚的想法。

但杨坚在朝中当官，照样是如履薄冰。武帝死后，儿子宇文赟登上皇位。这家伙虽然很恨老爸，但在对待杨坚的问题上，父子两个却有着惊人的相似。宇文赟的老婆杨丽华是杨坚的女儿，长得倾国倾城，最大的优点就是能容忍，就算老公天天领着情人在她面前晃，她也能微笑面对。

按理说，宇文赟能娶到杨丽华这样的老婆，实在是有福气，可他却一直对岳父大人很忌惮。曾经有一次，他甚至在老婆面前扬言：“早晚有一天，我要把你们杨家人统统杀光！”

杨坚吓坏了，背地里叹息：“明君不放过我，昏君也不待见我，咱的命咋这么苦啊？”他的命哪里苦？宇文赟在皇位上折腾了一

野史秘闻

吃栗子撑死的亲王

隋文帝杨坚和独孤后不喜欢三弟杨瓒的妻子，下令他跟妻子离婚，但遭到了杨瓒的断然拒绝。此年的一个秋天，杨瓒在与大哥一起游栗园时，莫名其妙地突然死掉。官方给出的说法是：杨瓒栗子吃得太多，把自己撑死了。

年后，便主动让位，没多久，他就去世了。杨坚的春天就此来到。

宇文赟死的时候年仅二十二岁，儿子周静帝宇文衍（后改名为宇文阐）虽然登上了皇位，但不过是个七八岁的小孩儿。于是，该杨坚出场了。他联络掌管机密的汉族大臣、老同学郑译等人，假称受遗诏辅政，自任大丞相、都督内外诸军事，以外戚的身份控制了北周朝政。于是，前一刻还在朝中非常低调的他，下一秒就骤然成为朝中人气最旺的权臣。

树大招风，杨坚的上位虽然给自己带来不少好处，但伴随而来的还有宇文家族对他的嫉恨。其中，赵王宇文招对他最看不顺眼。对于杨坚的半路杀出，宇文招很不满，天天跟手下发牢骚："咱们宇文家又不是没人了，怎么说也轮不到他这个外戚来掌管朝政不是？没道理先皇刚刚过世，他就能当一把手。我看呀，这家伙这些年明显是在装孙子。"

宇文招可不是那种发发牢骚就算了的人，他下一步想到的就是除掉杨坚。一天，他邀请对方到自己家里喝酒，想借机行刺。杨坚见身为王爷的他都主动降低身份，来邀请自己，也不好拒绝，便带了几个侍卫去赴约。

名臣风骨

富贵逼人

隋初大臣杨素，曾在北周皇帝宇文邕身边工作。宇文邕看过杨素随手写出的文章后，觉得文采卓越，便对他说："年轻人好好干，切忌骄傲冒进。放心吧，以你的才干，荣华富贵是少不了的。"杨素听后，把胸一挺，朗声回答："我从来都无心求取荣华富贵，只怕是富贵逼人来啊。"

宇文招刚见到他，二话不说，就来了个热情的拥抱。杨坚的侍卫元胄见状，暗说："平时也没见这家伙对咱老大这么热情啊，莫非今天有诈？"

杨坚倒是没在意这么多，他被对方的热情弄得晕头转向，毫不怀疑地跟宇文招进了他家。待两人坐下后，宇文招便拿出刀来，亲自切甜瓜给他吃。杨坚也不客气，边吃边夸赞瓜的味道好。宇文招嘿嘿笑着，心中暗说："待会儿就用这刀宰了你，估计你的血味道更好。"

守在门口的元胄一直留意着屋里的动静，他见宇文招拿出刀，心中便大叫不妙，想找借口带老大离开。当时，屋里还有宇文招的两个儿子和小舅子，这几个人早就商量好了，只要宇文招一下令，就会冲上前擒杀杨坚。

元胄担心情况突变，就大步跨进屋内，对杨坚说："老大，你老婆让你回家吃饭，咱还是快点走吧。"

这话一出口，杨坚觉得很没面子，埋怨地看了元胄一眼，这小子是要让全天下人都知道我怕老婆不成？他一赌气，索性稳坐钓鱼台，不走了。

庙堂真相

夫人路线

隋文帝让大臣杨素营造宫殿。宫殿建成后，隋文帝看了很生气，骂道："你建得这么富丽堂皇，得花多少民脂民膏，这不是让老百姓来怨恨我吗？"杨素很害怕。但第二天，独孤皇后却安慰他说："宫殿建得很用心。你是知道我们夫妇年纪大了，建这么好的宫殿让我们放松开心一下，想得很周到啊。"给了杨素很多赏赐。

宇文招也在旁边说："我一直都很仰慕你家老大的才华，今天好不容易有空闲，还回家吃什么饭呢？你放心，待会我一定拿好酒好菜招待他。"

元胄并不搭理对方的再三保证，只管劝杨坚赶紧离开。就在这时，突然有下人进来通报，说有客来访。杨坚跟着众人起身，一同出去拜会。元胄连忙凑到他耳边，悄声说："今天形势有点古怪，恐怕宇文招想害你。"

杨坚有些不信："不会吧，他现在不过是个没有实权的王爷，能把我怎么样？"

虽然嘴上说不信，但杨坚总算知道该留个心眼了。当他听到房间后隐隐传来轻微的兵器碰撞声后，惊出一身冷汗，急急忙忙地站起来，说："我老婆叫我回家吃饭，先走一步了！"不等话说完，他就往屋外跑去。

宇文招见势不对，跟着站起来，就要拿刀追杀过去。元胄二话不说挡在门口，怒目圆睁，威慑得宇文招后退半步。杨坚抓住时机，拼命跑出王府，元胄紧随而至，两人顺利逃脱，匆匆跑回家去了。

庙堂真相

"皇子律"

隋文帝执法严明。有一次，他发觉儿子杨俊生活奢侈，大造宫室，大怒，下令将杨俊抓起来法办。大臣杨素劝谏说处罚太重，文帝说："皇子与百姓只有一个法律，如果不这样，岂不是要再立一个'皇子律'了吗？"

没几天，杨坚便假借静帝的名义，以谋反罪处死了宇文招等人。而宇文家族经过他的连番打压，在朝中也渐渐丧失了话语权。公元581年，军政大权一把抓的杨坚终于如愿以偿，在静帝颁布禅位诏书后，登基为帝，改国号为隋，史称隋文帝。

向历史借智慧

展露才华要注意时机

四十岁就登基当皇帝，杨坚被认为是一个才智很高的皇帝。他有雄心大志，但相当低调，在各方面条件不成熟的情况下，并没有贸然地暴露出来。他暗中积蓄力量，伺机待发，等各方面条件都成熟了，才霸气外露。刚参加工作的年轻人，往往雄心万丈，很多时候不知道掩饰自己，从而为自己招致不必要的麻烦。必要时要藏其锋芒，收其锐气，不可不分青红皂白地将自己的才能展露得一览无余。

图书在版编目（CIP）数据

一口气读懂中国史／将进酒·黄 著．—北京：东方出版社，2020.1
ISBN 978-7-5207-1206-4

Ⅰ．①一… Ⅱ．①将… Ⅲ．①中国历史－古代史－青少年读物
Ⅳ．① K220.9

中国版本图书馆 CIP 数据核字（2019）第 198578 号

一口气读懂中国史·魏晋南北朝故事
(YIKOUQI DUDONG ZHONGGUOSHI · WEIJINNANBEICHAO GUSHI)

作　　者：将进酒·黄
责任编辑：辛春来
出　　版：东方出版社
发　　行：人民东方出版传媒有限公司
地　　址：北京市朝阳区西坝河北里 51 号
邮　　编：100028
印　　刷：三河市嘉科万达彩色印刷有限公司
版　　次：2020 年 1 月第 1 版
印　　次：2020 年 1 月第 1 次印刷
印　　张：70（全 10 册）
开　　本：880 毫米 ×1230 毫米　1/32
字　　数：1570 千字（全 10 册）
书　　号：ISBN 978-7-5207-1206-4
定　　价：268.00 元（全 10 册）
发行电话：(010) 85924663　85924644　85924641
